士業で成功する

交流会活用営業術！

この本を読んでから
参加すれば、いきなり
一人勝ち！

行政書士杉井法務事務所
杉井貴幸［著］

はじめに

著者の杉井貴幸と申します。

あなたにこの本を手に取ってもらえて、とても嬉しく思います。

「士業で成功する」シリーズ2作目は、〝交流会活用〟営業術になります。

1作目がそこそこ売れたら調子ぶっこいてシリーズ化するあたりが営業魂ですよ♪


でも、交流会専用の営業術なんて、あなたは聞いたことないですよね？

僕は本をよく読むし、情報アンテナも張ってもいるのですが、この手の本は見たことも聞いたこともありません。

交流会のハウツー本や攻略本のようなものは出回っていますが、交流会の営業本なんて存在していなかったのです。

そこを狙って、営業かけるのが杉井です。

この本で初めて僕のことを知ってくれた人もいるかもしれませんので、改めて自己紹介させてください。

僕は行政書士、営業コンサルタント、番組MC、セミナー講師、学習塾講師、資格塾講師、作家、ｅｔｃの顔を持っています。

「士業はその業務のみで稼げ」という人とは違うタイプですね。

僕は逆に、経営者は複数の蛇口を持つといいと考えています。

ひとつの蛇口が詰まったとしても、ほかの蛇口から出てくれば、しのげます。

さらに、それぞれの蛇口に大切な役割があり、相乗効果もあります。

まあ、えらそうなことを言っても田舎の行政書士には違いありませんが♪

「うちの町は小さな町で、人口5万人もいないのです。先生の営業術を使う機会がありません」

これはセミナー受講者から言われたセリフです。

しかし、僕はこう答えました。

「5万人て都会じゃないですか。僕の町は3万人もいませんし、駅もない町ですよ」

さすがに驚いていましたね♪

でも、田舎には田舎のメリットがあります。

出版なんて、まるで宇宙人が出現したかのような騒ぎです。

良くも悪くも名前が一気に広がります。


そんな僕が交流会からどのようにして、ビジネスに繋げていったのか。また、どんな失敗をしたのか。

おまけに、やらかしちゃった人たちの話まで、すべて暴露したいと思います。

あなたはラッキーです。

だって、この本を読んでから交流会に参加すれば、いきなり一人勝ちですもの。

さあ、ずるい勉強を始めましょうか♪

2018年7月

杉井 貴幸

◆目次◆

第2章　交流会　勝つための武器を搭載するアイテム編

第3章 交流会 間違いと勘違いの立ち振る舞い編

第4章 交流会 ここで差が出るアフター編

第5章 交流会 愛で引きつける主催編

第6章 番外編 交流会で「×」の残念な人たち

※本文余白の言葉／多湖輝 著『説得力』より

序 章

劇薬本の
処方上注意編

1 劇薬だけに副作用もあり!?

「交流会に参加したってビジネスにはならない」

それを覆《くつがえ》すのが、この本です。

はっきりいって劇薬本です。

この薬を服用すると、あなただけがひとり勝ちします。

その交流会に参加したあなただけに依頼が舞い込んできます。

もし、あなたの他にも、この薬を服用した人が一緒の交流会にいたら、恐ろしいことになりそうです。


ゴジラ対モスラのようになるか!?

さらに、この劇薬本があまりにも売れて全員が服用していたら、アウトレイジのような「全員悪人」状態になってしまうかも。

しかし、大丈夫です。

こんなクソ田舎の書いた行政書士の本が、そこまで売れると思いませんし、仮にそこそこ売れたとしても、それを実践する勇者はひと握りです。

ほとんどの人は行動に移しません。

僕は何人もそういう人を見ています。

僕が講師を務めている「営業術」のセミナーに、今までかなりの受講生が参加しています。

それで、**実際に行動に移した人は3割いるかどうか**です。

なかなかのお値段のセミナーを受講したのに、もったいない話です。

ですので、あなただけが稼ぐようになってしまう可能性が十分あります。


ただし、副作用についてもお話しておかなければなりません。

交流会で他の人と同じことをしても業務依頼なんて発生しません。

当然、違うスタイル、新しいスタイルで勝負していくことになります。

見方によっては「エグい」スタイルに映るかもしれません。

また、ひとと違った方法で稼ぐと叩く人が必ず出てきます。

言うならば、おとなしくしているつもりでも目立ってしまうのです。


例を挙げてみましょう。

過払い金返還で有名なアディーレ法律事務所が業務停止処分を受けたのは、記憶に新しいと思います。

全国に80以上も支店があり、TVでCMをバンバン流し、業界では独壇場状態であったアディーレ。

それが弁護士会から業務停止2カ月をくらったのですが、これが弁護士事務所にとってどれだけ辛いことかわかりますか?

業務停止期間が1カ月を超える場合は、依頼者との委任契約をすべて解除しなければならないのです。

すでに着手していたり、どんなに最終段階まできている状態であったりしても解除しなければなりません。

この組織は従業員も１０００人以上いるのですよ。

事実上の死刑宣告です。

このニュースが流れた当時、ネットでもＳＮＳでもアディーレを叩く書き込みをよく見ました。


「弁護士が悪事を働いたらダメじゃん」

「法律を守れない弁護士事務所」

など散々な言われようでした。

しかし、アディーレがどんなことをして業務停止処分を受けたか知っている人は多くはなかったと思います。

実は、着手金の無料「キャンペーン」がいけなかったのです。

期間限定のような謳い文句で、ずっと「キャンペーン」を続けたことが引っかかりました。

「景品表示法違反」に当たるということです。

もちろん、法律は厳守しなければいけないのは大前提です。

でも、この「キャンペーン」、誰が損するのですかね?

お客様は無料で嬉しい。

アディーレは依頼をいただく。

もう一度言いますが、法律は守らなければいけません。

しかし、僕が思うのは、処分が重すぎるということです。

この業務停止処分をしたのが弁護士会です。

ちなみにアディーレは、またTVCMを始めていますが…。


これと似たようなキャンペーンをホームページに上げている士業の先生をよく見ます。

もっと庶民的な話だと「入会金0キャンペーン」とのぼりを立てて、ずっと営業しているスポーツジムやスイミングクラブもあるじゃないですか。

弁護士会もいろいろな事情を考慮して、この処分に至ったのでしょうが、なんとなく「出る杭は打たれる」の印象を持ちました。

ここまでではないにしても、大なり小なり劇薬の副作用はあります。
あなたがした、ほんの少しのミス。
他の人もやっているようなことかもしれません。
しかし、目立っていると、これが「おおごと」扱いで処分の対象になりうるのです。
さて、どうしましょう？
それでも、この劇薬にかけてみますか？
よろしい！
それでは、パンドラの箱を開けましょう。
ゆっくりと読み進めてください。

2 交流会に新人の士業が多い本当の理由

最近のビジネス交流会には、弁護士から行政書士まで様々な士業の先生が参加しています。

あなたも参加したことがありますよね。
この本を手に取ったのですから、少なくとも興味はあるはずです。
あなたが交流会に参加する理由は何ですか？

純粋にお友達をつくりたいから？
どんな人に会えるか楽しみだから？
楽しい時間を過ごしたいから？

理由はいろいろあると思います。
しかし、きれいごとは抜きにしてお話しましょう。
「ビジネス」交流会に参加する理由は、その名の通り、ビジネスのためです。
交流会に参加して、ビジネスに繋がればという期待を持って会場に足を運ぶのです。
もちろん、僕だってそうです。
しかし、現実はそう甘くありません。

名刺交換して、その場で少し会話して、それっきり。

あなたの名刺ホルダーには顔もわからない、何を話したのか覚えてもいない人の名刺がうなるほど入っていくのです。

これは、逆に考えればあなたの名刺もそうなっています。

実際、あなただってもらった名刺の電話番号にかけたことがありますか？

交流会で会った人と再度プライベートで会ったことがありますか？

ほとんどないと思います。

これはビジネスに繋がらないと気がつくまで、早い人で1年。

のんびりした人でも3年も経てば気がつきます。

そう！　ここであなたも新人の士業が多い理由がわかりましたね。


その士業の中でも特に交流会が大好きなのが行政書士です。

どこの交流会に行っても行政書士の一人や二人は参加していますよね。

これは、依頼をいただくのがある意味一番難しいからかもしれませんが、開業してとりあえずの営業活動が交流会なのです。

しかし、最近は弁護士や司法書士など他の士業の参加率もグッと上がってきています。

そういえば、少し大きめの交流会だと税理士や社労士も参加していないことがないかもしれません。

全国に1万人しかいないと言われている弁理士にも行くたびに会っている気がします。

結局、士業は全員集合ですね！

それでも、ビジネスに繋がった人がほとんどいないのですから、いよいよもって難しい話です。


でも、あなたは違います。

リスク承知で劇薬を飲むのですから、メリットも大きいのです。

実際、僕が交流会からお仕事を発生させているわけですし、その実績から出版までしているではないですか♪

さあ、次の章からいよいよ本編の始まりです。

第 1 章

時給1万円のための「交流会選び」編

1 交流会で名刺収集が趣味のあなた

あなたが魚を釣るのであれば海に、獣を狩るのであれば山に行くことが肝心です。

逆にしてしまうと一生、仕事に繋がりません。

そんなことはわかっている??

いやいや、意外とズレている人が多いのですよ。

地域密着型で仕事をしているのに遠方の会に参加したり、企業の補助金や助成金の申請を専門としているのに、一般人の会に参加したりしている人を何度も見てきました。

そこで顔を売っておけば、いずれ仕事が発生すると思っていますか?

ズバリ言いましょう!

残念ながらそれは紙より薄い確率です。

人間は困っていたり、必要に迫られていたりしなければ、士業に依頼しないのです。

それがいつになるかわかりません。
その時までひたすら待ちますか？
あなたは待っていても相手はどうですかね？
交流会で一度、名刺交換しただけの人に数年後、数十年後に依頼しますか？
そこまで、あなたの名刺を後生大事に取っておいてもらえるのかも疑問です。

しっかり、**自分のニーズに合った交流会を見つけるのが顧客獲得の近道**です。
税金、労務、補助金、助成金などを売りにしているのであれば経営者の集まる会。
ペット法務、動物法務を扱うのであればペット事業者の集まる会。
車両関係の申請を専門にしているなら車好きの集まる会。
少人数での会でもニーズを絞った会の方が仕事に繋がります。

しかし、趣味で楽しむというコンセプトならどんな会に参加しようと構いません。
だって趣味なんだから♪

違法でもない限り、ひとの趣味にあれこれ言うつもりは、ありません。

「家では裸でいたい会」だろうと「パンツを頭からかぶるのが好きな人の集まり」だろうと、他人に迷惑をかけない趣味の会であればドンドン参加してください。

「あれ！　その会行きたい！」と言う方。

間違っても僕のところに問い合わせしないでくださいね。

❷ 交流会であなたの時給が決まる

少しでもビジネスに繋げたいと思うなら、手当たり次第に交流会に参加してもお金と時間の無駄遣いです。

交流会もビジネスの一環として考えるのであれば、あなたは参加費の他に時間も使っているのです。

ところで、あなたの時給はいくらですか？

「士業」でしたら安く見積もっても時給1万円ですよね？

3時間の交流会であれば参加費の他に3万円を投資したことになります。

どうです？

無駄にできなくなってきたでしょう？

実例①

僕の失敗談をお話しましょう。

ある交流会に参加したのですが、この場合は主催者が酷かったのです。

著名人の名前をやたらめったら列挙して仲間のようなことを言うのです。

「俺が若いときに○○と一緒に仕事をした」

「○○は俺が育てた」

しかも、武勇伝はその著名人の話で、本人の話ではありません。

聞いていてイライラします。

まさに「他人のふんどしで相撲を取る」を絵に描いたような人物。

僕があと10歳も若ければ、

「その著名人がいくらすごくても、あんたは1ミリもすごくないんだけどね」

と言ってしまっていたでしょう。

そこはグッとこらえて
「僕、ひとの名前を出してお話するの好きじゃないんですよ」

と言うのに留めておきました。


また、その会の参加者も主催者を立てるような人ばかりで、僕の感性とかなりズレを感じました。

これでは、ビジネスに繋がりませんね。

大失敗です!

文字どおり、参加費と時給をドブに捨ててしまいました。


―自分が決めるとカドが立つことでも、相手に相談するという形をとれば、思いどおりに進められるようになる―

これは、事前調査をしなかった僕の責任です。

この失敗に懲りて、**僕が交流会に参加する時は、主催者と参加者をチェックするように**しました。

僕はFacebook経由が多いのですが、参加ボタンを押す前に主催者を調査します。

どういう記事を上げているか？
どういう書き込みをしているか？
どういうグループに参加しているか？
どういう交友関係があるか？

交流会を定期的に開催している人間であれば、以前の様子を画像や記事で上げている場合もありますので、そこもチェックします。

次に、今回の参加者にどういう人がいるか同じ内容の調査をします。

ここで、おかしな人が多いようでしたら参加しません。

まあ、多少は混じるものなので許容範囲内であれば参加します。

僕の調査のあとに参加ボタンを押す人もいますのでね。

さらに事前調査で参加者の中にお話したい人がいれば、会う前から〝ロックオン〟してしまいます。

「そこまでするのか?」という声が聞こえてきそうですね。


そりゃそうですよ! ビジネスですから♪

3千円の交流会の場合、自分の時給を入れたら合計3万3千円の投資。

交通費が1回の往復で2千円。月に2回参加したら年間24回。

84万円の投資ですよ!

これにアルコールや食事のつく交流会にも参加したら100万円近いでしょう。

簡単に捨てられるお金ではありません。

単純に酒を飲みたいだけなら、近所の居酒屋やバーに行った方が経費節減できます。


―命令形で指示されるよりも、疑問形で投げかけられることによって、相手は自発的に行動するようになる―

そこでお仕事をいただく裏技もありますので♪
⬇（『士業で成功するアナログ営業術！』酒を飲んでいるだけで依頼が舞い込む裏技・参照）
交流会選びは大切なのです。
時給をドブに捨てないでください。

❸ 交流会選び ── 数の誘惑

あなたの交流会選びの基準に「参加人数」が入っていると思います。

「なるべくたくさんの人とお話したい」
「参加者が多い方がターゲットも多くなる」

と思っているならビジネスには繋がらないでしょう。

確かに参加者が多い交流会は魅力的ですよね。

人気がある交流会ですから、盛り上がりも期待できます。

しかし、2時間程度の交流会で何人の人とお話できると思いますか？

ひとりの人と10分話したとします。

相手の話も聞かなくてはいけませんから、自分の話は半分の5分です。

次々とお話相手を見つけられたとしても12人が限界なのです。

主催者のしきりが長いところですと、この半分くらいです。

もちろん、話しても仕方ないタイプの相手もいますから、名刺交換するだけで、ろくすっぽ話もしないこともあるでしょう。

その選別の作業時間が長くなればなるほど、本来お話したい相手との時間がなくなってしまうのです。


—相手には責任がないということを協調することで、呑みにくい提案でも受け入れやすくなる—

実例②

僕が１００人規模の経営者の交流会に参加した時の話です。

その交流会は比較的ロングの4時間の開催でした。

僕がその会に参加した目的は、自分の月1でやっているネット番組をより多くの人に知ってもらい、番組観覧に来てもらうというものです。

はっきり言いましょう！

１００人の人にひとりずつ全力でＰＲするのは容易ではありません。

さらに行政書士の番組に興味を持ってくれそうな方の選別も非常に難しいです。

交流会慣れしている人は興味がなくてもありそうな素振りをしてくれますし、リアクションの取り方も上手です。

「えっ!?　行政書士さんの番組なんですか？　すごいなぁ」

「番組観覧できるんですか？　場所はどちらなんですか？」

これくらいは言ってくれます。

しかし、興味があるわけではないのですよ。

ごあいさつのリップサービスなのです。

それでも、なんとか３人の方と濃いお話ができて、その３人は番組観覧に来ていただけました。

１００分の３！　３％です。

４時間の労力を考えると割のいい仕事とは言えません。

うちの番組の観覧料は１５００円です。

この交流会に使った経費を差っ引くと時給５００円！

埼玉県の最低労働賃金、下回ってるがな!!

実例③

成功例のお話もしましょう。

本好きの集まる交流会に参加した話です。


―「我々」や「私たち」を連発することで、相手に〝運命共同体〟の意識を与え、関係を深める効果がある―

その会は僕を入れて６人の参加者でした。

僕は自分が執筆した新刊を持って参加しました。

６人で2時間の交流会ですから、一人ひとりと濃い時間を過ごすことができます。

しかも、リアルな作家が参加したのは初めてだったようで、かなり興味を持ってもらえて全員が著書を購入してくれました！

さらに、業務のご依頼までしてくれる方までいました。


実は、参加者が多いほど、あなたのビジネスに繋がりそうな人を探す作業に骨が折れます。

あなたの専門としている分野やサービスにもよりますが、参加者が多いからという理由だけで選ばないでください。

小規模の交流会の方が、一人ひとりと話す時間や濃い話の時間が取りやすい場合もありますので。

鬼ごっこするなら、校庭でやるより体育館でやったほうが捕まえやすいし、体育館でやるより教室でやった方が見つけやすいじゃないですか♪

❹ 交流会選び ― 割合で先読み

交流会は主催者の性格や好みでスタイルがかなり変わります。

同じような交流会でもまったく違うカラーになるでしょう。

良い交流会なのか悪い交流会なのか、初参加の人は事前に判断できません。

そこで、**ひとつの判断基準としてリピーターが多いかどうかで、みることができます。**


新規獲得にやっきになっている交流会は、ちょっと危ないかもしれません。

これは、主催者に問題があるケースが多いです。

進行の仕方や運営の仕方、主催者の人格や態度などに欠点があるのでしょう。

もちろん、新規の集客はどの主催者も積極的に行うのですが、8割以上が新規となったら黄色信号ですね。

主催者だけの責任ではなく、2割のリピーター組の中におかしな人が混じっているかも。

では、リピーターが多ければ多いほど、良い交流会なのかというと話が違います。

これはこれで、めちゃくちゃ居心地が悪いです。

リピーター組のみが和気あいあいというパターンが多いからです。

さらに、この手の交流会の場合はビジネスになかなか繋がりません。

こういう交流会は完全に身内化していますから、そこで営業かけて仕事を取るのは容易ではありません。

何度も通って、仲間入りするしかないですね。

いきなり参加して一撃で仕事を取るのは相当きついでしょう。


そうなると、どれ位の割合が理想かになってきます。

半分半分から６：４または４：６ですかね。

これくらいで維持している交流会は初心者であっても勝負圏内です。

運営が上手な主催者になってくると、新規とリピーターの割合を決めて参加者の募集をしています。

新規枠20名、リピーター枠20名。

これはうまいと思いましたね！

はっきりと分けてしまい、どちらかが定員になったらそちらは締め切ってしまうのです。

こういう会は新規もリピーターもどちらもビジネスチャンスがあります。


主催者自身が初めての場合ですが、これはもう読めませんね。

データがないのですから。

参加者がわかる交流会であれば、そこから判断するしかありません。

しかし、この場合は、あなたがスターになるチャンスがあります。

初めて交流会を主催する人は、盛り上がるかどうか非常に気にします。

あなたが積極的に主催者に協力すれば、主催者もあなたのために動いてくれます。

そういうことができるのであれば、チャレンジしても面白いかもしれません。

もちろん、その日の参加者によって当たり、ハズレはありますので、一概に絶対とは言いませんが目安として参考にしていただければ幸いです♪

5 ヤバい交流会にご用心

「交流会」と謳っていても実際はとんでもない会があります。

交流会の宣伝文句に、かなり魅力的な言葉がずらりと並んでいて参加費も安い。

さらには参加者も多いと、つい申し込んでしまいますよね。

これで大変な思いをした人がいます。

実例④

僕の行政書士仲間の田中さん（仮名）という男性の話です。

田中さんは、Facebookのイベントページで「いいね！　がすぐに1000増える」という魅力的な集いをみつけました。

Facebookの「いいね！」とは、自分がUPした記事や書き込みに「いいね！」と思った人が、そのボタンを押すことです。

それをしてもらうことによって、「いいね！」した人の友達にまで記事が拡散されるので、宣伝効果があるのです。

１０００人が「いいね！」すると強烈な宣伝効果になります。

さらに、その友達にまで情報が拡散する可能性がありますから、実際には何十倍、何百倍という数字になるでしょう。

そのイベントページには魅力的な謳い文句がずらりと並んでいます。

「誰でもすぐ簡単にできます」

「他では聞けない話をします」

「参加すれば１０００いいね保証！」

「１０００いいね行かない場合は全額返金」

かなりイカした宣伝文句です。

参加者も多いので田中さんは思い切って参加ボタンを押しました。

―相手が知らないことでも、「ご存じのように」と前置きすることで、新しいことへの抵抗感をうすめることができる―

これが地獄の扉を押したとは知らずに…。

当日、田中さんは少し早めに会場に到着しました。

足を踏み入れた瞬間に違和感を覚えました。

なぜなら、会場にはすでに参加者がそろっていて、そのほとんどが女性だったからです。

田中さんは、うっかり女性専用車両に乗り込んでしまった男性の気持ちになりました。

立ちすくんでいると会場スタッフらしき女性から声をかけられました。


「こちらで受付をお願いします」

誘導されるままお金を支払うと住所と名前を書くように言われました。

そして、なぜか身分証明書を提示するように言われ、免許証を確認されました。

田中さんが書いた名前、住所と免許証を照らし合わせています。

最後にレジュメを渡されて席に案内されました。

最初にセミナーで勉強をして、そのあと交流会に突入する流れのようです。

田中さんが着席して、ほどなくすると講師の女性が現れました。

歳は40代後半から50代前半のキャリアウーマン風の人物です。

講師は簡単な挨拶をするとFacebookの「いいね！」のシステムを説明し始めました。

そして、「いいね！」が集まると一気にファンが増え、尊敬されると言うのです。

ビジネスでもその他の活動でも集客が思いのままになるそうです。

しかし、肝心の「いいね！」が1000集まる方法について、なかなか話してくれません。

セミナーも終盤になったころ、ようやく、その話になりました。

しかし、講師が一段と大きな声で言ったセリフに田中さんは耳を疑いました。


「いいねを一つ10円で買うのです！」

えええええええええええ？.？.？.？.？.？.？


田中さんは、「誰でもすぐに簡単にできる」「1000いいね保証」の謎が解けました。

そりゃ、簡単ですよ。

1000個のいいねを1万円で買うんだから。
しかし、それだけで謎は終わりません。
セミナーが終わったあと、田中さんは一気に受講者に囲まれました。
ここにきて、もうひとつの謎が解けました。
田中さんの他に男性がもう一人いたのですが、その人も同じように囲まれています。
そう！　実際の参加者は二人だけで、あとは全員、勧誘員だったのです。
恐ろしい!!
カルト教団が使う手口です。

たかが1万円でこんな大掛かりな仕掛けをするのか？
とんでもない！　ひとつの記事に1回ですよ。
そうなると当然、何十万のお金がかかってくるわけです。

セミナー講師が片手に契約書を持っています。

どうも、もう一人の参加者はすでにサインしてしまったようです。

田中さんは頑として首を縦に振りません。

しかし、勧誘員が円陣を組んで囲い込み、サインするまで解放してもらえそうもありません。


田中さんはとても怖くなってしまいました。

適当にサインして帰ろうかとも思ったのですが、受付で免許証まで確認されていることを思い出しました。

最悪なことに住所までバレています。

まさにじり貧！


しかし、田中さんは自分が行政書士であることを思い出しました。

契約の強要にあたる旨、集団で取り囲んで帰さないのは軟禁に該当する旨、さらに自分は行政書士であると勇気を振り絞って叫びました。

すると、リーダー格のセミナー講師が少し驚いたような顔をしました。
あきらかにヤバいという表情です。

「みなさん。この人をお誘いするのはやめましょう。この人はこの素晴らしいシステムの価値がわからない、かわいそうな人です。時間の無駄だから帰ってもらいましょう」

なんたる言い草！

田中さんもさすがにカチンときましたが、ここはこの場から脱出するのが先決です。
おっと！　個人情報を書いた用紙を返してもらわなければ！
セミナー講師はめんどくさそうに受付の時に書いた用紙を持って来ました。

「もう二度と来ないでください！」

そう言うと用紙を投げるように渡してきました。

「誰が来るか！」

と叫んで（心の中で）なんとかその場をあとにしました。

田中さんは、これがトラウマになって、それからは知り合いがいる交流会以外は参加しなくなりました。

いかがでしたか？
自分には関係ないと思いますか？
実は、この交流会は今でもＳＮＳで参加者を募集しています。
もちろん、この会だけでなく似たような会も結構あります。
特に一人参加の女性は狙われますので要注意です。

田中さんはギリギリのところで脱出しましたが、僕は相手のやり方が強引で良かったと思っています。

なぜか？

だって色仕掛けの勧誘だったら、田中さんは間違いなくサインしていましたもの♪

コラム

応援されると躍進速度が加速する　その1

応援されたい、して欲しいと思いますか？

自分一人の力には限界がありますものね。

応援してくれる人が出てくると、ビジネスも知名度も加速していきます。

例えば、自分ではどうやってもまかなえないプロジェクトでも応援してくれる人が出たら着手できるかもしれません。

僕自身、自分一人の力でここまでやってこられたわけではありません。

この出版にしても、内容に貢献してくださった柏ビジネス交流会主催者の稲川久実さんをはじめ、全国の士業仲間、ビジネス仲間。

実際に出版する、ごま書房新社の社長、編集部、営業部の方々。

なにより「読みたい」と思ってくれる、あなたがいなかったら実現しなかったことです。

この本は、僕の2冊目の著書となります。

2冊目の出版ができた人が、実際どれほどいるのでしょうか。

2冊目が出るには、1冊目が売れなければなりません。

厳しい世界ですので、１冊目が売れなかった著者の２冊目が出版されることはありません。

逆に１冊目が売れてしまえば、２冊目以降のハードルはグッと低くなります。

これは業界の裏話なのですが、新人作家が出にくい理由がここにあります。

どこの出版社だって、出版するなら売れなきゃ困るわけです。

本一冊、世に出すのに相当なお金がかかるのですから。

となると、経費を上回る売上がないと赤字です。

出版社は、それがビジネスですから利益が出ない人の本を出すわけにはいきません。

売れるかどうかわからない新人作家より、実績のある作家に頼るのは必然なのです。

ちなみに僕はビジネス本なので、まだチャンスがあったのですが、小説は新人がもっとも出ない世界です。

ビジネス本はタイトルや内容で購入の判断基準にしてもらえることもあります。

しかし、小説の場合ですと作家名が購入の基準になることがほとんどです。

そうなると、新人はなんらかの賞でも取らないとデビューできないのです。

だからと言って、ビジネス本なら楽に作家デビューできるかとなると話は別ですよ。

新人がデビューできる確率は確か０・３％と言われていますから、狭き門であることに違いはありません。

僕がそこを通したのは、実力だと思っています。

「営業」を武器に多彩な戦法を駆使しましたので♪♪♪

しかし、問題はそのあとなのです。

売れるかどうかは、僕一人の力でどうこうなりません。

これに関しては相当な数の方が応援してくださいました。

「岩波貴士」「川上徹也」「風呂内亜矢」「西沢泰生」「井下田久幸」

名前を上げた方々はベストセラー作家、地上波にも出演されているコメンテーターなどの著名人です。

もし、知らなかったという人は、この名前で検索してみるといいでしょう。

かなりのビッグネームです♪

なぜ、このような著名人とお仲間になれたか。

都内某所で定期的に開催される出版勉強会があります。

この会には、出版社、編集者、ミリオン作家、芸能人なども参加します。

そこで、ご縁をいただきました。

この、そうそうたるメンバーが、僕がMCを務めている番組に出演してくれました。

その上、ご自身のホームページやブログなどで本の紹介までしてくれたのです。

事情があってここでお名前を出せないド級の有名人も協力してくださいました。
こうなると、僕の名前も本も売れますよ。
むしろ、売れない方がどうかしています。
極めつけがネット書店でした。
当時、売れ筋ランキング3位までは、いっていました。
しかし、そこで伸び悩んでいました。
上位2人の書籍ですが、宣伝費もそれなりに入れている強敵だったのです。
まるで出版社が社運を懸けているかのような勢いです。
そんな時、僕を推すネット書店が現れました。
「BOOKFANプレミアム」が著書の紹介をメルマガで一斉配信してくれたのです。
これは、すごいことになりました。
配信された翌週のことです。
「士業で成功するアナログ営業術！」が一番上に表示されているではないですか！
「あれっ？　これ、ランキング表だよね？？」
と三度見くらいしたのを覚えています。
こうして僕は全国1位の作家の称号を手にしました。

あっ！

もちろん翌週には抜き返されていましたよ。

そりゃそうでしょ！

こんな人口3万人以下の電車も走っていない町の行政書士が、そんなにスター期間を味わえるわけがないですよ♪

でも、瞬間風速でもなんでも1位を取ればいいのです。

「全国1位になった著者です」と言えてしまうのですから♪

えっ？

実際、新聞社と雑誌社の取材を受けましたし、本を出す前と後では世界が変わりました。

いくら紙の本が売れなくなったといえども、まだまだステータスは健在ですよ♪

出版後のビジネス展開はどうなったか知りたい？？

いい質問ですね♪

だけど、字数の関係でこのコラムはここまで。

次のコラムをお楽しみに♪

第2章

交流会

勝つための武器を搭載するアイテム編

1 おたく何屋?

士業の場合、特に行政書士なんですが、「何屋」かわかりません。

同業の僕ですら「行政書士」の名刺を出されても何をする人かわかりません。

行政書士の業務は、1万種類なんて言われているくらいです。

事務所の売りが、建設関係の申請なのか、車両関係なのか、風営法絡みなのか、会社設立なのか…。

「行政書士」の名刺を出しても「何屋さん」なのか一般の人なら、なおさら理解できないでしょう。


想像してみてください。

あなたが名刺交換した相手は雑貨店のオーナーでした。

名刺には、

「素敵なアイテム豊富！」

と魅力的なキャッチコピーが記載してあります。

住所も自宅からそんなに離れていないところでした。

あなたは雑貨店のオーナーにどんなものを売っているのか聞いてみました。

「うちは、何でも売っています。是非いらしてください」


どうです？　その店行きますか？

正直「ごめんなさい」ですよね。

何が売りかわからない雑貨屋に行けませんよ。

これが、

「うちは昭和のアイテムにこだわった店です。黒電話や10円入れるピンク電話、ちゃぶ台までありますよ♪」

「当店はすべてハンドメイドの雑貨店です。特に木で作った小物やインテリアは人気があります♪」

などと言われたらどうですか？

インパクト強いですよね。

交流会の数日後には行ってしまうかもしれません。

何を頼めばいいかわからない人にお仕事の依頼は来ません。

たまに「なんでもできます」をアピールする人がいますが最悪です。

それは「なんにもできない」と言っているようなものです。

社労士の場合でも、名刺に「従業員ひとりに対して○○円の助成金」なんて書いてあったらインパクト強烈です。

これから雇用していこうとする経営者や、すでに従業員を雇用している経営者から興味を持たれます。

―一から十までうまい話より、一のマイナス情報を盛り込むことで、残りの九の真実味が高まる―

今は弁護士でも、名刺に「債権」「交通事故」「刑事事件」「相続」など専門業務を謳っています。

しかし！

だからと言ってなんでもかんでも名刺に業務を羅列してはいけません。

結局、何屋かわからなくなるからです。

「えっ!?　それじゃ、自分の扱う業務を絞って名刺を作ればいいの？」

「他にも売りにしてる業務があるんだけど」

あなたのおっしゃりたいことはわかっています！

僕が執筆するからには裏技を教えるに決まっているじゃないですか♪

次の項でお話しましょう。

2 勝って当然！ あと出しジャンケン

—とるに足らない自分の欠点を大げさに言うことで、相手の心理的優位を演出し、油断を誘い出すことができる—


先ほど、専門業務の名刺を渡すお話をしました。

「それだと、ひとつの武器で勝負なの？」

と思われましたよね。

いえいえ、僕は複数の武器を搭載して参加していますよ。

「あんた！　言ってること矛盾してるじゃないか！」って？


大丈夫、今から説明します。

まずルールの確認をしていきましょう。
・専門業務を記載した名刺を渡す
・複数の業務を名刺に記載しない
・「なんでもできる」と言わない

ここまでは、いいですか?

極端な話、ひとつの名刺にひとつの専門業務を掲載すればいいのですよね?

これは例を出した方がわかりやすいでしょう。

実例①

僕はラーメン屋の店主です。

何とかお客さんの数を増やしたいと思い、交流会の参加を検討していました。

SNSで「ラーメン好き交流会」という、ぴったりの集いをみつけたので参加することにしました。

当日、僕は時間ぴったりに入場しました。

開場には20人くらいの人がすでに来ていて、それぞれお話をしています。

僕の近くでは、30代のサラリーマン風の男性と40代の営業職風の女性がラーメンについて話しています。

僕は飲み物を選ぶ素振りをしながら聞き耳を立てました。

男性は味噌ラーメンが好きなようで、週に2回は必ず食べるという話をしていました。

女性は塩ラーメン派で、仕事で疲れたあと食べるのにハマっているのだそうです。

それから3分ほどで二人の会話は終了しました。

女性はすぐに別の人と名刺交換を始めましたが、男性は飲み物を取りに僕の近くまで来ました。

僕はそこで、

「ごあいさつ、よろしいですか?」

と声をかけると男性は笑顔を返してくれて、名刺を差し出してきました。

僕も名刺を出して同時交換です。

男性は僕の名刺を見て嬉しそうな顔をしました。

なぜなら、僕の名刺には、

「究極の味噌ラーメン！　秘伝の味噌使用！　らーめん屋　店主・杉井貴幸」

と記載しているからです。

男性は勢いよく食いついてきました。

僕は、

「ダシから仕込んでスープに徹底的にこだわっている」

「店はこの近くで、定休日以外は夜12時まで営業している」

と伝えると、すごい興味を持ってくれて、明日の仕事帰りに寄ると言ってくれました。

よし！　お客様一人ゲット♪

「明日、お待ちしています」とあいさつをしてその場を離れると、先ほどの営業職風の女性がちょうど話し終えたようでした。

そこで、その女性にすぐに声をかけます。

名刺交換で僕が渡した名刺に目を輝かせています。

それもそのはず！

「最高峰の塩ラーメン！　最後の一滴までおいしい！　らーめん屋　店主・杉井貴幸」

と掲載してあるのです。

僕の名刺入れには複数のポケットがあり、それぞれに違う種類の名刺が入っています。
僕の頭に先ほど、この女性が塩ラーメン派というデータが入りました。
そこで、それ用の名刺をお渡ししたのです。
お客様二人目ゲット♪

ん？　うしろの男性二人は豚骨の話で盛り上がっているようです。
同じ要領で「豚骨ラーメン」の名刺を出します。
もう笑っちゃうほど多重人格です。
こうして僕は、次々とお客様に売り込んでいきました。

いかがでしたか？
やっていることは完全に「あと出しジャンケン」ですよね♪
このラーメン屋の例えを上手くあなたのサービスに入れ替えればいいのです。
慣れてくると事前情報なしでも、その相手に合わせた名刺を渡せるようになります。

やり方をお教えします。

名刺の「あと出し」です！

通常は名刺を同時交換することが多いと思います。

ところが僕の戦法は、相手の名刺を先にもらってしまい、**その人の職業や扱うサービスなどを見てから選んだ名刺をお渡しする**のです。

僕は、だいたい3～4種類の武器を搭載して交流会に参加しますので、その中から相手に合うものを選択します。

どうです？ 手品みたいでしょ♪

相手から先にもらった名刺について、質問してしまう時もあります。

それから「申し遅れました。〇〇を専門でやっております。行政書士の杉井です」とやります。

まあ、これ引っ張りすぎるとネタばれしますから、あまりの時間差「あと出し」はダメですけどね♪

え？　選びきれなかった場合、名刺をふたつ渡すのはいいか？

いい質問ですね♪

しかし、字数の関係でこの項はここで終了です。

そのまま次の項へ読み進めてください。

❸ 罪つくりな運命の重なり

―人は、緊張がゆるんだ瞬間は、無防備になって、隠しておきたい本心、本音をポロリともらしやすくなる―

今回、結論から先に申し上げましょう。

名刺はできれば、一枚だけ渡してください。

専門性が薄まるというのも理由のひとつですが、もっと衝撃的な現実をお話しましょう。

交流会で集まった名刺はどうなると思いますか？

1. 繋がっていたい人以外はごみ箱行き
2. 輪ゴムでくくられて引き出しに収納
3. 名刺ホルダーに収納

だいたい、このパターンに分けられます。

あなたの集まった名刺も、これらのいずれかに該当していると思います。

「1」のごみ箱行きを免れて生き残ったとしても、輪ゴムでくくられて収納されてしまうと、もう日の目を見ることはないでしょう。

狙いは「3」の名刺ホルダーに収納してもらうことです。


そのためには交流会での立ち振る舞いが大切なのです。

それについては、このあとの章で詳しくお話するとして、まずは名刺の話ですね。

名刺ホルダーに収納するとしたら、同じ人の2枚の名刺をどうする？

1．1枚は捨てる
2．別々に収納する
3．重ねてひとつの枠に収納する

「2」を選ぶ人は、ほとんどいません。
たいがい「1」か「3」なのです。
さらに圧倒的に多いのが「3」の重ねて収納です。
そうなると、重ねられた下の名刺はどうなりますかね？
これも日の目を見る可能性は、ほぼありません。
重ねて収納した人も次の日にはそのことを忘れています。
嘘だと思うなら、あなたの名刺ホルダーを確認してみてください。
いくつかの名刺は二重になっているでしょ♪

―反対意見にも「なるほど」と、とりあえず肯定すると、相手に反論を受け入れやすい心構えができる―

しかも、それをあなたは覚えていなかったではないですか♪
下になった名刺は、もうそういう運命なのです。
それだけに、できれば、一枚だけ名刺を渡してほしいのです。

え？
名刺を渡したあとに、相手が違うことを求めていたことが判明した場合？？
もう！
どれだけ欲深いのですか♪♪
しかし、よくあることです。
実際、僕も経験しています。
それでは、その対処法を実例でお話しましょう。

実例②

その交流会は地方の経営者が集まる会でした。

こういう会には大手の社長や経営者は参加しません。

小規模事業者、個人事業者が参加します。

僕は武器のひとつに
「お金をもらっていただけませんか？　補助金申請サポート」

を搭載していました。

補助金ですから返す必要のない、もらうだけのお金です。

しかし、この申請がバカみたいに面倒で、書類慣れしているか時間が有りあまっている人でないとなかなか完了しません。

僕は、これこそ行政書士の出番だと思って武器のひとつに選んだのです。

こういう会で、この名刺を出せばハズさないだろうと高をくくっていました。


そんな中、40代と見られる、とても素敵な女性経営者とお話することができました。

美容院を経営されていて、お嬢さんと二人で運営しているそうです。


―相手との共通点を協調することによって、敵対関係にある相手でも、協調関係にもちこめる―

その女性経営者は、僕の渡した名刺に興味津々です。
僕は「これはドンピシャかな？」とほくそ笑んでいました。

女性「先生は補助金を扱われているのですか？」
杉井「はい。得意としています」
（いきなり先生？？　交流会慣れしているか営業上手なのかな？）
女性「補助金の申請大変じゃないですか？　申請するだけじゃなくて、お金をもらう時も書類そろえなければいけないし…」
杉井「よくご存知ですね。やたら面倒な書類が多いですからね」
（ある程度知っていてくれているようだから話早いかも♪）
女性「そうなんですよね。小規模事業者持続化補助金ありますよね。あれ大変でしたもの」
杉井「ご自身でやられたのですか？　お店やりながらよくできましたね？？」
（詳しすぎると思ったら自分でできる人なのか！　完全にハズした）
女性「うちは最初から娘がメインの店なんです。出資したのが私だったので経営者になっているだけです」
杉井「そうだったのですね。でも、書類作成が得意でしたら行政書士で活躍できますね」
女性「先生、実は私も行政書士になりたくて受験したのですが全然点数足りなくて…」
（ぬおおお！　やっちまった！　渡す名刺間違えた。どうりで僕を先生と呼ぶわけだ。ここは切り返しで勝負）
杉井「行政書士の受験生だったのですか！　志の高い方だと知らず、失礼いたしました。名刺のお取り替えをさせてください」

ここで『行政書士・宅建士　講師・杉井貴幸』の名刺を差し出す。
交流会で名刺交換した時は相手の名刺はしまわず、手に持った状態でお話しますから取り替えやすいのです。
ポイントは相手が求めているものを最初に誉めてから取り替えることです。

女性「先生が直接指導してくれるんですか？」

杉井「はい。高校6年かかって卒業した僕が合格した戦法を…」

以後、鬼のような食いつきでした♪

注意点は、名刺に専門業務を記載していたとしても「専門」という単語を付けないことです。

今回の僕の例ですと「補助金専門」と記載しているのに、ふたつ目の名刺にも「受験指導専門」と入っていたら信用をなくします。

また、口頭でも「○○専門」を口にした時は、切り返しはできませんので要注意です。

4 履歴書を渡す人たち

信じられないかもしれませんが、交流会で履歴書を渡してくる人がいます。

どう思いますか？ あり得ないですよね。

あなただったら履歴書を渡されたらどうしますか？
あまり関わりたくないと思いませんか？
今、あなたが思ったことを忘れないでくださいね。

僕は何度も履歴書を渡されています。
それもイレギュラー的なものではなく、ひとつの交流会で何人かは必ず渡してきます。
さすがに履歴書の用紙を渡されるわけではないですよ。
名刺が履歴書なのです！

「生年月日、血液型、星座」「出生地、出身地」「学歴、職歴」「保有資格、登録資格」
「趣味、特技」「好きな言葉、モットー」などなど。

何なんですかね？
これらを小さい名刺にぎっちり記載してあるのです。

「虫めがね持ってきて〜！」と言いたくなります。

あなたもそういう名刺を渡されたことがあるのではないですか？


この手の名刺を好んで使うのは行政書士に多いように感じます。

どうも、ひと昔前に流行った行政書士のハウツー本の影響のようですが、これはいただけません。


え!?


故郷や出身校が一緒で依頼されるかもしれない？

申し訳ないのですが、それは、ずいぶん薄い確率ですよ。

もし、それが成立するなら、同窓会の時に営業をかけまくれば入れ食いということになります。

そうは、なりませんよね。

もしかしたら、同級生の中に必要としている人がいれば、依頼が取れるかもしれません。

しかしそれは、あなただから依頼されたのであって、同級生だからという理由ではありません。

そもそも、あなただって、合わないタイプやいけ好かないタイプの同級生にお金を出してまで依頼しないではないですか。

お客様はまず、自分が必要としていることをやってくれる人を選びますよね。

その次にその人の人間性、信頼性を見たり、料金で決めたりします。

出身地、出身校だの趣味、特技だのはそのずっと後で「たまたま一緒だった」のレベルなのです。

また、保有資格をずらずら並べて書くのが好きな方がいます。

これもいけません。

書けば書くほど自分の価値を下げてしまいます。

しかし、専門業務と関係性のある資格なら付加価値になりますよ。

例えば、外国人の入管業務を専門にしていて英検1級を入れる、記帳代行を売りにしていて簿記1級を入れるなど。

これが、まったく関係のない資格を書くからおかしいのです。

ひどいと訳のわからない民間資格を記載している士業もいるのですから。


僕はステータスが高いと言われている医者や弁護士から履歴書名刺を渡されたことがありません。

その職業の人は、きちんと自分の看板と業務のみで勝負しています。

これは、士業全員見習った方がいいでしょう。


この項の最初に聞きましたよね。

「あなただったら履歴書を渡されたらどうしますか？」

渡された相手もあなたが思ったことと同じことを思っています。

もし、あなたの名刺が履歴書名刺でしたらお取り替えをお勧めします。

5 見事な拒絶反応

―ふだん本人が意識していない部分をほめると相手は、自分を良く見てくれていると感じ、信頼を得られやすくなる―

交流会にチラシ持参で頑張る人をよく見かけます。
一生懸命配って熱く説明してきますよね。
あなたは、そのもらったチラシどうしていますか？
家に持ち帰る？
では、その後はどうしていますか？

そう！　結局、ごみ箱行きですね。
僕、見ていたことありますが、こっそり会場に置いていく人もちょいちょいいます。
チラシの場合、名刺ホルダーに収納できませんので取って置いてもらえないのです。
わざわざ、バインダーやファイルに収納してくれる人は、ほぼいないでしょう。
自分でも取って置かないのに配る時は、「これで依頼が来るかも」なんて都合のいい考えですよね。

実は僕も一回、チラシを持って参加したことがあります。

頑張って、ほぼ全員に配りました。

結果ですか？　…収穫0です。

もう自分でも、

「俺は何年営業の世界で生きてるんだよ。どうして逆効果ってことに気がつかなかったんだ！」

と自己嫌悪に陥りました。

ほとんどの人は営業を嫌がります。

あなたの事務所の電話が鳴って、お客様だと思ったのに営業電話だったら、うんざりしますよね。

営業＝売り込まれる

の図式になっているからです。
営業とわかった瞬間、アレルギー反応を起こします。
そんなことは、営業マンであれば誰でも知っていることなのです。
それなのに僕は、交流会でチラシを配ってしまいました。

チラシ↓売り込み↓営業↓アレルギー反応

そりゃ　収穫0で当たり前ですよ。
営業は売り込みと露骨にバレてはいけないのです。
それを上手くやっているのが某化粧品会社です。

「申し訳ありませんが、初めてのお客様には、お売りできません」

こう大々的に謳って、営業臭を消しています。

—猜疑心の強い、慎重で頑固な人ほど、大義名分できっかけを与えれば、素直に言うことをききやすい—

「買いたい」「欲しい」と思わせないと数字は出せません。

チラシを配るなんて典型的な売り込みじゃないですか。

アレルギー反応起こされて当然です。


それから僕はガラリと戦法を変えました。

その戦法を使ってから、

「それくださ い！」

「もらってもよろしいですか」

「是非、いただきたいのですが」

などなど相手からお願いされるようになりました。


人は自分が「得をする」か「損を免れる」かで動きます。

チラシやパンフレットを押しつけられても、どちらにも該当しません。

あなたから見たら、

「これをやってくれたら、得をするのに」

と思っても、相手はそう感じていないのです。

なぜなら、**「得」「損」はあなたが決めることではなく、相手が決めることだからです。**

逆に、そこをくすぐれば「ください」の嵐になります。


さて、具体的にどうすればいいかご説明しましょう。

ズバリ！

チラシやパンフレットを冊子に変えるだけです。

あなたの売りにしている業務の冊子を差し上げるのです。


例えば、経営者が集まる交流会に参加したとしましょう。

あなたが税理士で税務を売りにしているなら、

「追徴金の恐ろしさと合法的節税術！　脱税と節税の大きな違い」

なんて冊子のタイトルにすると興味をそそられますよね。

あなたが社労士で労務を売りにしているのであれば、

「ブラック企業と優良企業の違い！　秘密は就業規則にあった」

なんて抜群でしょう♪

このタイトルで出版してもベストセラーになりそうです。

あなたが行政書士なら…、
ライバルが増えるから教えません♪♪♪

うそ！　うそ！　うちの事務所にお問い合わせくだされば、ぴったりのタイトルを考案いたしますよ。

冊子の中身ですが、事例、裁判例などを入れて、ちょっとした対処法、予防法なんか書いておくといいでしょう。

冊子は、別に業者に頼まなくても事務所のパソコンで作れます。

表紙も入れて4～5ページのものでいいのです。

ぎっちぎちに書くと読んでもらえませんし、難しく書いてもいけません。

簡潔に仕上げましょう。

僕が作っている冊子は、パソコンが苦手な僕でもできるレベルのものです。

それをプリントアウトしてホッチキスでとめます。

そして、最後のページにお問い合わせ先を記載するのです。

場合によっては
「この冊子をお持ちの方はご相談〇〇分サービス」

「冊子特典　企業診断初回〇〇　お問い合わせ無料」

などを入れます。


そこから面談に繋げていきましょう。

面談が契約の一番近道です。

➡（『士業で成功するアナログ営業術！』わずか280円で契約率が上がる／参照）

―才能や人知を超越した〝運〟をもち出すことで、相手を傷つけずに諦めさせることができる―

初めて営業するのが冊子の最後の1ページです。
逆に言えば、ここに至るまで営業の顔を出してはいけません。
もちろん冊子を渡す時もですよ。
では、どうやってこの冊子を渡すのが望ましいかについてお話しましょう。
自己紹介タイムやちょっとした発表ができる会でしたら最高です。

「今日はプレゼントをお持ちしました。〇〇（興味をそそるタイトル）の冊子を差し上げます。申し訳ございませんが、参加者全員の分がありませんので、先着10名様にプレゼントさせてください」

どうです？
営業臭を微塵も感じさせていませんよね♪
さらに限定であおっています。
すると、結構な勢いで売り切れます。

参加人数にあわせて限定数は変えた方がいいでしょう。

しかし、**あくまでも「欲しい」という人にだけ渡してください。**

自分から渡そうとすると、せっかく消している営業臭が出てきてしまいますので♪

⑥ 書店の平積みは一番上が最後まで残る

交流会に何を着て行こうか考えたことはありますか？

その会のカラーもありますので、フォーマルからカジュアルまで使い分けている人もいるでしょう。

私服の場合、センスがモロに出ますよね。

自分ではいいと思っているのか、それとも洋服にはこだわらないのか、ちょっと残念な人を見かけます。

このセンスがちょっとアレな人は、プライベートはもちろんビジネスでもモテません！

だってそうでしょ？

あなたが初対面の相手に依頼するなら、上下柄違いの服を着ている人よりビシッとセンス良く着こなしている人に依頼したくなりませんか？

実際、服のセンスはないけど仕事はバリバリこなすという人を見たことがないんですよ。

ビジネスもセンスですものね。

おっと！　今のセリフにあなたも納得してくれたようですね。

仕事を取るなら身なりも大切なのです。

どんなにあなたが「すごい人」であっても、初対面の相手はあなたのすごさがわかりません。

どこで判断するかとなると、まず見た目からです。

もう、これは仕方のない事実なんですよね。

逆に言うと見た目さえしっかりしていれば、第一関門は突破できるということです。

中には目立とうとして、コスプレまがいの奇抜な格好で交流会に参加する人もいます。
チンドン屋のような格好をしたり、ド派手なカラーの服を着たり。
これらを僕はお勧めしません。
何度も言いますが趣味で参加しているならいいのですよ。
しかし、その会で仕事を取ってきたいのですよね？
それなら、変なところで目立ちすぎないことです。
確かに奇抜な格好は目を引きますし、印象に残すこともできます。
しかし、結局、売れ残る定めなのです。

目立つのと売れるのは違うのです。

あなたは、ビジネス本を購入しようと書店に入りました。
お目当ての本が「話題の図書」のコーナーに平積みされています。
縦一列に10冊揃えて積んでありました。
あなたは一番上の本を取ってレジに行きますか？

それとも上から二番目以降の本を選びますか？

今はあなた以外に誰もいないのですから、正直に答えていいのですよ♪

そうなんです！

ほとんどの人は一番上の本を嫌うのです。

縦一列に積んであると、まず上から持って行きません。

ちょっと人の目を気にする人は一番上の本をパラパラとめくり、中を確認するような仕草をします。

もう片方の手で今まで二番目にあった本を取り、めくっていた本を戻します。

本当なんだって！

嘘だと思ったら書店で確認してみてください。

縦一列の平積みですから注目されるのは、一番上ですよね。

でも、売れるのは二番目、三番目なのです。

これは、ビジネス交流会に限らず、合コンでも街コンでも同じです。

目立ちすぎると売れないのです。

一番目立つ格好で来ている人は売れないで、その次あたりの人が結局おいしい思いをしてるでしょ♪

あなたがもし、コンパで結果を出したいのなら、2~3番手につけているとチャンスが来るでしょう♪

おっといけない！

話が脱線していますね。

交流会に着て行く服の話に戻します。

「私服のセンスにあまり自信ないいんだよな~」という人もいると思います。

安心してください。

裏ワザをお教えいたします。

どんな交流会へ行くにもスーツを着て行ってしまうのです。

スーツは、よほどおかしなデザインやカラーでない限り「センスが悪い」とはなりません。

これは、男性も女性も共通です。

会によって少し変えたいのであれば、ネクタイのチョイスをアレンジすればいいのです。

ネクタイのセンスに自信がないのであればノーネクタイでいっちゃいましょう♪

また、少しラフな感じを出すならYシャツの代わりに無地のトレーナーやTシャツなどを着るといいでしょう。


ポイントは「無地」です。

柄物はセンスがよほど良くないと合いません。

おシャレにスーツを着こなしてください♪

コラム

応援されると躍進速度が加速する　その2

行政書士としてそれなりに業務依頼が入るようになった。
出版もできて、名前を知ってもらえるようになった。
さて、あなたなら今後のビジネス展開はどのようにいたしますか？
「今のまま、企業努力を怠らず、まい進していく」
模範解答ですね♪
それが正解だと思います。
しかし、僕はとんでもないことをやり出してしまいます。
今、ノッてる！　攻める時期なんだ!!
だったら、次の蛇口を作ってみようじゃないか！
「資格塾を開校する」
とんでもない話ですよね。
でも、これがやりたくて仕方がなかったのです。
あなたも知っての通り、僕は高校卒業に6年かかった劣等生です。

中学3年生の時の偏差値が38。
もし、高校6年生の時に測ったら…。
こんな僕が行政書士に合格するには奇襲しかありません。
そりゃそうでしょう！
まともな学習方法で合格しようと思ったら一生合格できませんよ。
それで、まんまと結果を出した合格術を広めたいのです。
この合格術ですが、行政書士試験のみに通用するのか？
そこで僕は、「宅建士」の試験をまったく同じ方法で受験してみようと思いました。
当時すでに、個別で行政書士の受験指導を始めていました。
しかし、行政書士だけだとパイが小さい。
行政書士の受験生は5万人弱。
それに対して、宅建士は25万人もいます。
やらしい話、これを商売にするなら「言わずもがな」ですよね。
しかし、落ちたら何を言われるか、わかったもんじゃありません。
プライドだけは鬼のように高い一部の行政書士から
「よそで宅建士を受験したことを言うな」と言われるに決まっています。

そこで、黙って受験して、もし不合格ならこのことは、なかったことにしようと思いました。

結果、50点満点中42点で合格できました。

この年は35点以上合格だったので、7点もお釣りがきました。

実は、この受験生の時期が1冊目の出版時期とそっかぶりでした。

限られた時間で合格するしかありませんでした。

この合格術の破壊力をわかっていただけると思います。

よし！　行政書士と宅建士については間違いなく通用する！

僕は、今ある資格予備校とは違うスタイルで開校したいと考えていました。

資格予備校の場合は、試験までの受講料を最初に一括で納めます。

もし、途中で脱落しても返金はありません。

これを僕は、月謝制にしたいのです。

そうすれば、受講生の負担も軽減されますし、講師も真剣に受講生と向き合います。

さらに、自立型の学習スタイルを取り入れたいと思っていました。

僕の合格術は講師が登壇して授業をするより、自立型学習スタイルの方が合っているのです。

さあ、塾経営をどうしようか。

さすがに、なんの戦略も経営勉強もせずに開校するほどチャレンジャーではありません。

しかし、僕のやりたいスタイルの資格予備校は存在しないので、参考の材料がありません。

そんな時、小中学生対象の自立型学習塾の存在を知りました。

そう！　これなんです!!

教えるものは違っても運営の仕方、経営の仕方は近いものがあります。

僕は迷わずその塾に連絡しました。

「将来、国家資格塾の経営がしたいのです！　勉強させてください！」

この電話を取ってくれたのが、**まんてんトラスト越谷本部校**の鶴岡靖子塾長でした。

結局、塾長は僕を講師として迎えてくれました。

学歴もない僕をどうして使ってくれたのか質問したのですが
「うちは、学歴、学力は一切関係ありません。人間力のみを判断しますので」

とのことでした。

素晴らしい！　しかしこれはこれで、ある意味プレッシャー。

間違いなく期待に応えなくてはいけません。

僕は、行政書士事務所の業務は最低限に絞り、外注できる業務は徹底して外注して、塾に力を入れることにしました。

時間前に塾に入り、トイレ掃除から床のモップ掛けまで行いました。

急遽、出勤の要請があっても、すべて応じました。

また、生徒から「杉井先生の教え方はわかりやすい」と言ってもらえ嬉しく感じていました。

僕は、勉強ができない男です。

生徒がわからない問題を聞いてきた時、即座に答えてあげることができません。

では、どうするか。

数学なら、まず先に答えを見てしまいます。

次に、式の一番上から、なぜそうなるのかを生徒と一緒に考えます。

そして、順番に式を見ていくと答えにバッチリたどり着くのです。

できる先生は自分の解き方ありきで指導するようですが、僕の場合は、自分が生徒以上にできないのですから、一緒に解決していくしかありません。

この方法は、どの教科にもあてはまりました。

これがツボにはまったようで、生徒のやる気と成績が恐ろしいほど上がっていきました。

さらには、この噂を聞きつけて、入塾希望者まで現れ出したのです。

そんなある日、塾長から信じられないことを言われます。

おっと！　またまた、字数がいっぱいになってしまいました。

続きは、その３へ。

第3章

交流会

間違いと勘違いの立ち振る舞い編

❶ 演技派は嫌われる

―自分をなかなか信頼してくれない相手でも、親切な忠告という形をとれば、信頼を得やすくなる―


交流会で「忙しい」「売れっ子」を演出する人がいます。

本人は、それを演じることによって、「売れてます」アピールをしたいのでしょうが、まったくの逆効果です。

だってそうでしょ？

「そんなに売れて売れてしょうがない人が交流会に何しに来たの？」

と誰だって思うでしょう。

実例①

あるビジネス交流会の話です。

参加者が各々名刺交換やお話をしたあとに自己紹介タイムがある会でした。

いよいよ「演技派氏」の自己紹介の番が回ってきました。

「私は事業資金の融資をサポートしています。さっきからご依頼の電話が鳴りっぱなしで、みなさんとなかなかお話ができず申し訳ございません。融資を受けたい方がいましたら、すぐに対応いたしますのでお声掛けください」

本人は矛盾だらけの自己紹介に気がつかないようです。

交流会の参加者と会話もできないほど依頼が来ているのに、どうやったら新規の依頼にすぐに対応できるのでしょう？

しかも、この人は個人事務所を一人で運営しているのですよ。

一日にそんな何件も融資の依頼を受けてさばき切れるのですかね？

仮に、この演技派氏の言うことが本当で、申し込みの電話が鳴りっぱなしだとしたら、少なくても1日5件。

月に100件。

これ、さばけますか？　あり得ないでしょう！

事業資金の融資サポートといったら、事業計画書から返済計画書まで作成しなければならないのです。


さらに不思議なことがありました。

この時の交流会の参加者は50人ほどでした。

50人が1分程度、自己紹介していくのです。

演技派氏の順番は最初の方だったので、全員の自己紹介が終わるまで50分近く時間がかかります。


その間、演技派氏の電話が鳴ることは1回もありませんでした。

殺到していたお申込みが一時的にストップしたのですかね？

これは、僕だけでなく、参加者全員が思ったはずです。

非常に残念な演技でした。

いや、演技派どころか大根役者でしたね。


―迷っている相手には、「私だったらこうする」という一見親切な〝助言〟が受け入れられやすい―

物を売る商売でしたら「忙しい」アピールも有効かもしれません。

しかし、士業は「忙しい」アピールをすると逆効果なのです。

僕は、自分のところでさばききれない案件を外注するのですが、「忙しい」アピールをしている人には仕事を出せません。

お客様を待たせることになりますので、早さと正確さを優先するところに外注いたします。

僕でさえ、そう思うのですから一般のお客様なら、なおさらですよね。

そもそも、士業に依頼するときは、大概が切羽詰まってからです。


お客様は「問題を早く解決してくれる」「すぐに対応してくれる」人に依頼したいのです。

逆効果の意味がおわかりになったと思います。

だからと言って、「暇です」アピールをする必要はないですよ。

暇は暇で依頼されないものです。

変に足元を見られて、値踏みされても腹立ちますからね。

「忙しい」アピールをしないことを心掛ければいいだけです♪

❷ 砂漠で砂を売る人たち

このタイトルを見て、どう思われましたか？

「そんな人いるの？」と思いますよね。

いるのです。

というより、ほとんどの人がこれです。

ビジネス交流会は基本的に、みんながみんな売りに来ています。

人脈を求めて参加する方もいますが、その人脈とは結局、仕事に繋がる人脈でしょ♪

まあ、本気で友達を増やすために交流会に参加する人は、この本を読みませんから、今読んでいる人は売りに行く人たちですね♪

みんなが売りに来ているのですから、同じことをしても仕方ありません。

「砂漠で砂を売る」ようなものです。

そりゃ、売れませんよ。

だったら、違う方法を取りましょう！

僕が実際に使った方法ですが、これを使うとかなりモテます。

実例②

僕は交流会で、売り込みをしない方法を取るのが好きなのですが、さらに買い手に回ることをする時があります。

自己紹介する時にこう言います。

「僕は職業柄、さまざまな相談や業務依頼を受けるので、その仕事を引き受けてくださる方を探しに来ました」

このひと言でほとんどの人が食いつきます。

僕と深く関わろうとしてきます。

そりゃそうですよね。

砂漠で水を売っているのですから。

えっ？　買い手に回っているのだから当たり前だ？

よく前の文章を見てください。

僕は「水を売っている」のです。

営業術を使えると、営業を営業でひっくり返すくらい朝飯前です。


例えば、相手がトリマーさんでお店の宣伝で参加しているのなら、

「ワンちゃんのサロンでいいところないかよく聞かれるんですよ」

と水を売ります。

相手が車関係の業者なら、

「僕のお客様は、車好きが多くて、いろんなことを頼まれるんですよ」

と相手が欲しがる水を提供します。


―相手の親しい人間を話題にすれば、〝同胞意識〟を刺激して、相手の警戒心を解くことができる―

すると、僕を買いたがりますよね♪
モテモテです。

他の人が砂を売っている中、ひとりだけ水を売っているのだから当たり前ですよ。
そして、フィーリングが合う人がいたら本当に仕事をお出しします。
紹介できる案件がない場合は、自分の身銭を切ります。
といっても、そんな大げさなことではありません。
ワンちゃんのサロンであれば、自分のワンちゃんを連れて行きます。
車屋なら自分の車をオイル交換でも車検でも出せばいいのです。

そして、ここからが杉井の真骨頂です！
先ほど「営業を営業でひっくり返すくらい朝飯前」と言いました。
どういうことかお話しします。
僕は、**必要費を使っているところに営業をかけます。**

なぜなら、断られないからです。

相手にとってこちらはお客様ですから、露骨に断ることができません。

⬇（『士業で成功するアナログ営業術！』実はあなたの周りに契約が落ちている／参照）

ドッグサロンであれば、動物取扱業の登録や送迎をするのに貨物運送の許可または届出が必要です。

特に貨物運送の申請をしていないサロンが多いですから、超狙い目です！

あっ！　つい、自分の飯のタネを教えてしまった。

なるべく同業者が読んでいないことを願います。

車屋なら車庫証明、名義変更などの行政書士業務があります。

こういった返し技をカウンターでぶち込むのです。


また、僕は行政書士業務以外にも、ちょこちょこその他のことをやっていますので、そちらで営業かけることもあります。

どうです？
砂漠では、砂より水を売った方がいいのではありませんか？
あなたが使うカウンターは何にしますかね♪

３ 小学校の朝礼を忘れてしまったのか？

交流会によっては、「自己紹介タイム」を設けていますよね。
むしろ、これがないところが珍しいくらいです。
この自己紹介タイムは絶好のＰＲチャンスなのですが、同時に危険でもあるのです。
ここで失敗するとお仕事に繋がりません。
きっちり決めたいですよね♪

しかし、やってしまうのが入れ込み過ぎのタイムオーバーです。

だいたい1分の設定をしている会が多いのですが2倍、3倍しゃべりまくる人がいます。

これはいけません。

そのおしゃべりがいるせいで、他の人の時間がドンドンなくなってしまいます。

ある主催者は、それを防止するためにキッチンタイマーを使っていました。

1分経過すると「ぴぴぴぴー」と音が鳴ります。

主催者も気を使って一度タイマーを止めます。

しかし、それをいいことに、まだしゃべりまくる人がいるのです。

満足しているのは自分だけで、周りはどっちらけです。


そもそも、そんな**決まりを守れない人に仕事を頼みますか？**

どう考えても依頼しないでしょう。

仕事は期間内にまとめなければならないのです。

与えられた時間を守れない、守ろうとしない人に仕事ができると思いますか？

僕は無理だと思いますけどね。

「1分の自己紹介」と決まりがあるのなら、それを遂行しなければなりません。

小学校の朝礼で、脳のないナルシストな教師が生徒を何人ぶっ倒してきたことか。

幼い子供を何分も棒立ちにさせたら、どういう状態になるかわからないわけがないでしょう。

それなのに、そういう教師に限って

「そこ！　ちゃんと聞いているのか！」

なんて怒鳴ったりするのですから始末に負えません。

自分が、だらだら話すから生徒の集中力が切れてしまうのに。

できる人は決められた時間で、簡潔に、わかりやすく、お話します。

むしろその方が、インパクトがあり記憶に残るのです。

しかし、それができない人はだらだらと話を引っ張ります。

話が長い人＝能力がない人

この図式が適用されます。

あなただって話の長い人とお付き合いするのは嫌ですよね？

あれ疲れるんですよね～♪

特に単独でのスピーチは能力がモロに出ますから、苦手な人は自宅や事務所でちょっと練習しておくといいでしょう。

1分間スピーチの練習です。

これをやっておくだけでも、本番でかなりスムーズに話すことができます。

早口で無理やり押し込むのではなく、要点をきっちり絞って時間内に収めるのです。

（ポイント）

・氏名

・何ができるか

・依頼人のメリット

―前まえから思っていたことでも、ふと思いついたように切り出せば、相手も素直に聞きやすくなる―

・アポイントの取り方

たまに、○○士というのを強調して説明する人がいますが時間の無駄です。

僕は何人も見ています。

「行政書士とは、官公署に申請を代行し、事実証明の書類を作成し…」

こんな説明をしているから1分で終わらず、だらだら引っ張ってしまうのです。

だってそうでしょ？


自己紹介、自己ＰＲの1分ですよ。

誰も「○○士について説明しろ」と言っていないし、聞きたくもないのです。

「残念な人」でしかありません。


士業の看板で仕事は取れません。

自分の看板で仕事を取りましょう♪

④ 押しても開かない？ 引き戸だもの

―答えにくい質問には、「あなたならどう思うか」と質問で答えることで、相手のそれ以上の攻撃を封じられる―

埼玉県の都心部で定期的に開催されているビジネス交流会があります。
この交流会は常に早々と定員になる人気の会です。
いつも50人の参加者がいます。
地方にしては、かなり大きい交流会ですね。

実例③
僕がこの会に参加した時のお話です。
僕は自分の著書宣伝のために参加しました。

こういう物販系の良いところは、地域に関係なく宣伝できるところです。
この交流会には自己紹介タイムがあることを事前に知っていました。

そこで宣伝するつもりで、それまでの間は著書のことには触れず名刺の交換だけをしていました。

そんな中、コンサルティング会社を経営する人にお会いしました。

コンサルティングといってもいろいろありますから、具体的な業務を聞いてみました。

杉井「どういった業務をされているのですか？」

コンサル「今は、コンサルティングよりも執筆や講演が主な仕事になっていますね」

杉井「執筆ですか？　本を出されているのですか？」

コンサル「はい。今まで何冊も出版していますよ。是非、買ってください」

杉井「どういう内容の本なんですか？」

コンサル「資産運用の本です。是非、買って読んでみてください」

これは、本当にその時の会話をそのまま文章にしたのですが、いかがでしょう？

あなただったら、その本を買いたくなりますか？

第2章の⑤【見事な拒絶反応】でもお話しましたが、露骨な営業には、みんな拒絶反応を起こすのです。

僕もアレルギー反応が出ましたので、自分のことは一切話さずその場を離れました。

少し時間が経過してから自己紹介タイムになりました。

この会の方針は「時間が来たら一旦着席して全員の自己紹介が終わるまで席を離れない」というものでした。

順番に自己紹介、業務ＰＲをしていきます。

例のコンサルティング会社の人の番になりました。

僕はある意味期待していました。

あっ！　もちろん悪い意味で♪

しかし、期待は見事に裏切られました。

だって、想像をはるかに超えたことをやってくださったのですから。

「こんにちは。私は凸凹コンサルティング会社の凸凹といいます。資産運用の本を執筆しています。みなさ～ん！読まなくてもいいので買ってください!!」

ええええええええええええええええ？？？？？？？？？

いかがでしょう？
ここまでやってくれると、ある意味尊敬したくなりますよね♪
確かに周りから失笑が起きていました。
結局、その人の本は１冊もその場では売れませんでした。
かなりの勢いで扉を押しまくっていましたが開《ひら》きませんでしたね。
開くわけないのですよ。
引いて開《あ》ける扉ですもの♪

その後、僕の自己紹介の番になりました。

僕が使った戦法は、コンサルティング会社の人とは真逆です。

「松伏町で行政書士をしている杉井貴幸です。

おかげ様で執筆した著書がセールス・営業部門で全国1位になりました。

ありがとうございます。

今回はお礼として、書籍になる前のゲラを差し上げたいと思います。

こういったゲラは珍しいと思います。

欲しいと思ってくれる方がいましたら、是非お声掛けください」

僕は、著書の「はじめに」と目次の部分のゲラを印刷して綴じたものを持って行ったのです。

自己紹介タイムが終わった後、すぐに行列ができて、持参したゲラの束はあっと言う間になくなってしまいました。


―相手が反発してきたときは、「言い方が悪かった」と一度認めると、同じ主張をくり返しても受け入れやすくなる―

これはいいデモンストレーションになりました。

試供品を欲しいという人に配ったようなものです。


この時は、63冊の販売に成功しました。

ひとりで30冊買ってくださる人もいて大盛況でした。

もちろん、その場で販売はしていませんよ。

これについては、第4章のアフター編でお話しますね♪


ちなみに、例のコンサルティング会社の人は自己紹介の後からは、ひと言も口をきいてくれませんでした。

どうせなら、

「買わなくてもお読みくださる方に差し上げます」と言えば良かったかな♪

5 勘違いの親近感

親近感が湧くのはいいことですね。

地元が一緒、出身校が一緒などでそうなることもあるでしょう。

趣味が一緒の場合や年齢が近い場合も親近感が湧くかもしれませんね。

しかし、相手もそう思ってくれているかは別の話です。

親しくなりたいからといってもやってはいけないことがあります。


一番ダメなのが「タメ口《ぐち》」です。

これは、相手がどんなに年下であってもいけません。

たまに、最初のあいさつは敬語で話しているのに、相手が年下だとわかると、いきなりタメ口に変わる人がいます。

これはいけません！


—相手のミスを指摘するときは、自分の落ち度を認めた言い方にすると、相手に受け入れられやすい—

年上だからえらいとか、資格を持っているから上だとか、そんなことは一切ありません。

交流会では、みんな平等なのです。

いや、交流会に限らず、年齢や資格なんかで上下が決まるものではありません。

ましてや、初対面でいきなりタメ口はないでしょう。

こんな人に仕事をお願いしたいと思わないですよね。

こういう人はお客様にもタメ口なんですかね？

もしかしたら、相手がのちの「常連客」、「信者客」になるかもしれないのです。

または、有力なお客様をご紹介していただけるかもしれません。

タメ口の方が親近感をもってもらえると思っているのは本人だけで、相手はそうでないことは意外と多いのです。

次に政治的な話ですね。

これもしてはいけません。

身なりやビジネスマナーがしっかりしているのでお仕事をお願いしたいと思ったけど、政治的な思考が違って依頼しなかったというのはよくあるのです。


例えば、あなたが右寄りの思考で、それを表だって話したとします。

相手が左寄りの思考だった場合は、もう依頼されません。

最悪、ケンカになることもあります。

実際に僕は目の前で見たことがあります。

これはもうダメですよね。


思想信条の自由は憲法で保障された絶対的自由ではありますが、これは「心の中では何を思っても拘束されない」というものです。

あなたが表に出してしまうと、相手とぶつかることもあるのです。

これが心の中だけにしておいた場合は、相手にはわかりません。

あなたが極右で相手が極左でも、その逆でもまったく問題ありません。

余計な争いは避けましょう。


次のダメダメは、頼んでもいないアドバイスをする人です。

これやる人は何なんですかね？

もしかして、あなたもされたことあるんじゃないですか？

これは迷惑以外の何ものでもありませんね。

親近感を持ってやっているのかもしれませんが、こちらとしては怒りしかこみ上げてきません。

実例④

小規模の交流会に参加した時のことです。

同じ行政書士の人と名刺交換してお話しました。

その人は名刺を自分で作成していると言っていました。

杉井「名刺を自分で作るなんてすごいですね」
行政書士「いえ。それくらい簡単にできますよ。私は名刺やチラシを作る仕事もしていますので」
杉井「そうなんですか。僕なんてパソコンが使えなくてメールがやっとできるくらいですよ」
行政書士「それはいけませんね。今の時代、行政書士でパソコンが使えないと致命傷ですよ。仕事にならないじゃないですか」
杉井「そうですかね。僕は外注してしまうことも多いので今のところ困っていませんが」
（この辺りでむかついてきた）
行政書士「いや。自分でできないと実務を覚えないし、信用がなくなりますよ」
杉井「ご心配してくださっているようですが、僕はこのスタイルで顧問契約も複数いただいています。パソコンができないからといってお客様にご迷惑をかけることもありません」
（いかん！　もうぶちキレてしまいそうだ！）

行政書士「パソコンなんて小学校の授業でやるくらいなんだから覚えちゃえばいいのに」
（こいつ、とうとうタメ口でしゃべり始めた！　完全に見下されている）
杉井「そうですね。アドバイスありがとうございました」
僕は、これ以上話をしているとグーで殴ってしまいそうだったのでその場を離れました。

いかがでしょう？

本人は相手を怒らせていることに気がつかないのでしょうね。

僕が「パソコンができないと業務に支障が出ますか？」と質問したなら別ですが、頼んでもいないアドバイスをしてきて、勝手に見下されたら腹が立ちますよ。

こういうことは、絶対にしてはいけません。

ここまで極端ではないにしても、これに近いことを無意識にしているかもしれませんので要注意です。

アドバイスは求められたらするようにして、自分から率先して行わないようにしましょう。

これもダメというのが、いきなり深すぎる話です。
僕はその日初めて会った人に
「私は旦那以外にお付き合いしている人がいて、子供たちもそのことを知っている」
と言われて驚きました。
どういうつもりか知りませんが、これはあまりにも余計な情報ですよね。
それを聞かせて僕にどうしろというんでしょう?
なんでもその人は、自分は全部出しているのだから、僕にもさらけ出して欲しいという
ことでした。

いやいや、そんなオープンの押し売りをされてもかなわんですよ。

しかもこれ、「ビジネス」交流会の話ですからね。

相手との距離を縮めるのに、ある程度のオープンさは有効だと思いますが、やりすぎないことです。

相手が引いてしまうこともありますので。

第4章

交流会

ここで差が出る
アフター編

❶ 運命の選択で天国と地獄

交流会も終了時間近くなってきて主催者が二次会の提案をしてきました。

すでに10人以上は参加表明しています。

あなたは、もう少しお話をしたいと思っていたので参加する意向でいました。

しかし、ある人から「このあと飲みに行きましょう」と誘われました。

その人はあなたのサービスを気に入ってくれて、今日にでもお客様になってくれそうな勢いです。

さて、運命の選択です。

あなたはどちらを選びますか？

①主催者の二次会に参加してみんなと交流を深める
②仕事に即繋がりそうな人とさし飲みする

迷いましたか？

それともスパッと決まりましたか？

これは、ほとんどの人が②を選択します。

「仕事を取りに参加しているのだから当然でしょ！」という声が聞こえてきそうですね。

しかし、正解は①なのです。


順を追って説明しますね。

②のあなたのサービスを気に入ってくれた人は明日いなくなるわけではありません。
となると、②の人と別の日に会う約束をして①を選択するのが、賢いのです。

恋愛の場合の二股三股はいけませんが、ビジネスの場合は何股しようが構わないのですから。

今日の一日だけで、2件3件の仕事に繋がれば最高じゃないですか♪

それが②を選択すると取れたとしても1件なのです。


あなたの扱っているサービスがひとりにしか売れないものであれば話は別なのですが、そうでないのなら一定の人数がいる二次会に参加した方がいいでしょう。

そこで、あなたのお客様になってくれる人が新たに出る可能性があるではありませんか。

交流会ではあまり話せなかった人と話すチャンスですし、主催者と仲良くなれば次の開催時は積極的にあなたを紹介してくれるかもしれません。


どうです？

僕の見事な悪党っぷりは♪


この戦法を成功させるには、②の人をうまくキープできるかがポイントになってきます。

まず、誘っていただいたことにお礼を言いましょう。

そして、主催者の二次会に参加することは正直に伝えましょう。

ここで嘘をつくとバレた時にすべての信用がなくなります。

嘘をつくような人に仕事を頼みませんからね。


その上で、その人にアポイントを取ります。

それには「次」とか「今度」などの抽象的なものではなく、お会いする「日と場所」をバチッと決めてしまうことです。


「明日の○時にお会いすることはできますか？」

「今週の○曜日でしたらゆっくり時間が取れますがいかがですか？」

「○○駅の○口に待ち合わせでよろしいですか？」

「○○のお店でお待ちしていますね」


これで②の人を完全にキープできます。

むしろ、特別感を持ってもらえるかもしれません。

さあ、安心して二次会でお客様候補とお話できますね。


え!?

②の人がどうしても今日がいいと言ってきたらどうするか?
それは逆に危ないですよ。

もし、あなたが女性で相手が男性の場合、違う狙いが見えてきます。

どうしても今日じゃなければならない理由は、そうそうないですからね。


また、その逆や同性の場合はマルチ系かネットビジネス系の臭いがしてきます。

仮にそうでないとしても、

「今日でなければ仕事を頼まない」

というならスパッと切ってしまった方がいいでしょう。

そんな人の依頼を受けてしまったら、あとあと大変ですよ。


―こちらのミスで怒っている相手には、言葉で説得するより、「言い訳しません」のひと言のほうが、怒りや不信感をしずめやすい―

自分の都合を押しつけてきますから、仕事をせかされたり、理不尽なクレームを言ってきたり、苦労するのが目に見えています。

勇気を持って切るのもビジネスです！

❷ 突発的な衝動を確実な衝動に

あなたがショッピングに出かけたとします。

別に目的のものを買いに出たわけではありません。

なんとなくのウインドウショッピングです。

ふらっと立ち寄ったブランドショップ。

そこで、素敵なお財布を見つけました。

色もデザインも最高です。

あなたは、すごく欲しくなってしまいました。

そんなあなたを見て店員が声をかけてきました。

「いらっしゃいませ。そちらのお財布を気に入っていただけたようですね」

そう言うとショーケースから取り出して、あなたに手渡してくれました。

さわった感じも良く、高級感抜群です。


あなたは、ますます欲しくなっています。

そこで、値段を聞いてみました。

「ありがとうございます。こちらのお財布は7万8000円になります」


あなたは、そんなに出費する予定がなかったので手持ちが足りません。

今日のところはあきらめて、来週の休みの日にまた買いに来ることを店員と約束しました。

「それでは来週お待ちしています」

店員から名刺と笑顔をもらって、その日は帰宅しました。

翌日から、あなたはいつものように仕事をこなしていきます。

2日、3日と経過していくとそれほど財布のことが気にならなくなってきました。

そもそも、今使っている財布がダメになったわけではないので、買わなくても困らないのです。

7万8000円あれば、おいしいお料理やお酒を何回も楽しめます。

ビジネスに活用すれば、宣伝費や広告費の足しになります。

結局あなたは、約束の日にお店を訪れることはしませんでした。


どうでしょう?

非常によくある日常ではありませんか?

あなたが悪いわけではありません。

突発的な衝動は時間とともに治まってしまうのです。

では、あなたが店員側、すなわち売る側だったらどうすればいいでしょう?

交流会でいい感じに話が進み、「依頼したい」「相談したい」と言ってもらえることもあります。

嬉しいですね。

しかし、安心してはいけません。

これは、その時だけ熱が入って言ったセリフかもしれないのです。

業界でいう「見込み客」です。


見込み客とはお客様になってくれそうな見込みのある人です。

実際に契約書を交わす、報酬をいただくまでは、見込み客の枠を出ません。

しかし、まさか交流会の最中に「契約書にサインしろ」と言うわけにはいかない。

また、手付金をその場でもらうのもエグすぎます。

金銭のやり取りを禁止している主催者がほとんどですので、その場で契約や販売などはできません。


―親しい相手の要求を拒否するときは、事前に友好的な雰囲気作りをしておくと、相手もあきらめやすくなる―

そうなるとその場は口約束で、後日に契約なり販売なりすることになります。

この「後日」が長くなればなるほど危険です。

できれば次の日に会いたいのですが、なかなか都合が合わないかもしれません。

せめて会う日時と場所は、きちんとその場で決めたいですね。


3日後のどこどこ、5日後のどこどこなど。


会う日をあとでメール、電話で決めましょうとなると面倒なことになります。

メールするとなるとまず挨拶をして、会ってお話できたことのお礼から入りますよね。

そして「いつどこで会いますか?」に入るのですが、切り出しのタイミングが難しいのです。


その場から離れたあとは、誰でも少し熱が冷めた状態になります。

それを再び、熱しなくてはいけないのです。

営業慣れしていない人がそれを行うと、がっついているような感じが出てしまい、相手がドン引きしてしまうことがあります。

交流会の会場で日時と場所を決めておけば、このようなことにはなりません。

それでも、当日に必ずアフターメールはしてください。

ご挨拶とお礼をします。

それと「〇〇日どうぞよろしくお願いします」を最後に入れてください。

これは、約束の意識付けです。

そして、前日に追撃メールを送ります。

「お会いできることを楽しみにしております」を最後に入れておくといいでしょう。

もし、依頼がシリアスなものであれば、

―相手の興味をひきつけるには、相手が耳をそば立てるような控え目な語りが効果的となる―

「明日、詳しいご説明をさせていただきますので、どうぞよろしくお願いします」

で締めると決まります。

さらに、**堅実な方法を望むなら宿題を出すと決定的になります。**

これは、簡単なものにしてください。

「〇〇をご用意してください」

「〇〇をご準備してお持ちください」

などを初日のアフターメールの時に付け加えておくと効果的です。

前日の追撃メールでも「忘れずにお持ちください」と入れておくといいでしょう。

⬇（『士業で成功するアナログ営業術！』小学生の時の習慣を利用する／参照）

もし、売りにしたいものが本やＤＶＤの類であれば、ちょっとやり方が違ってきます。

会場で「欲しい」「買いたい」と言われた場合でも、主催者や会場のルールで即販売できないことが多いと思います。

後日に会って直接お渡しできれば、それが一番望ましいのですが、商品の金額によっては相手が面倒に思うこともあります。

その場合は郵送、宅配等で対応することになりますね。

これはもう、会場で「送ります」と言い切ってしまってください。

「名刺に記載されているご住所にお送りしてよろしいですか？」

の確認は忘れないでください。

あとはお金の受け渡しの問題だけです。

会場を一歩出たところでいただくのか、振込みしていただくのか。

まあ、僕の場合はどの交流会に行くにも領収書は必ず持参して行きますけどね♪

―相手の注意がそれてしまったら、話し続けるより、一度沈黙してしまったほうが、相手の注意を引きつける―

③ 甘くて切ない誘惑

実例①

埼玉のビジネス交流会でのお話です。

その会は20人くらいの経営者が集まる2時間の開催でした。

開始から30分くらい経ったところで、ひとりの女性から声をかけられました。

30代前半と思われるその人は、ひと言で言えば「美人」です。

色気のある潤んだ瞳で僕を見つめてしゃべってきます。

その美人は広美（実名）さんという方でした。

僕は広美さんに「営業コンサルタント」の肩書きが入った名刺をお渡ししました。

そして、放送局で番組を持っていること、セミナーで定期的に登壇していることなどをお話しました。

「すごい！　すごい！」を連呼してきます。

もっと話を聞かせて欲しいと言って素敵な笑顔を見せてきます。
こういう仕草にやられてしまう男性は多いと思います。
ましてや、相手は色気抜群の美人です。
僕はどうだったんだ？
おそらく、ここ数年見せたことのないような目尻の下がり具合だったでしょう。
普段、女性から褒められることなんてないのですから。

広美さんの名刺の肩書きは「集客コンサルタント」でした。
セミナーやコンサートなどの集客をお手伝いする仕事だそうです。
まあ「コンサルタント」の肩書きで胡散臭くないコンサルタントなんていません。
僕を見ればわかるでしょ♪

しかし、集客コンサルタントって依頼する人いるのかな?

どういう料金体制になっているのか気になります。

定額制なのか成功報酬型なのか、集客一人につきいくらの歩合なのか。

しかし、広美さんは、

「そのときのケースによる」と言うだけで、はっきりと答えてくれませんでした。


それより、僕のことが気になるようでいろいろ質問してきます。

仕事のことだけでなく、年齢や結婚しているのかまで、です。

営業慣れしていない人であれば、この人は自分に気があるのかと思ってしまうでしょう。

あいにく僕は営業一本でここまでやってきた人間です。

すぐにピンときました。

これは、宗教かマルチ系かネットビジネスかいずれかの誘いがきっとある!

広美さんは、もっと話を聞きたいので飲みに行こうと誘ってきました。

この瞬間、予感が確信に変わりました。

さあ、どうする!?

僕はあえて罠にはまってみようと思いました(ホント!)。

自分の力を試してみたかったのです。

これだけの美人を使って勧誘させる者、広美さんを洗脳した者との勝負です。

中途半端な洗脳であれば洗脳のすり替えをして、僕が洗脳者になってやると思いました。

洗脳のすり替えは洗脳するより、ずっと簡単です。

わかりやすく言うと、サラリーマンは自分の企業、組織に大なり小なり洗脳されています。

その会社の経営者、社長が変わるようなものです。

一から会社を立ち上げるよりずっと楽でしょ♪

これだけの美人が僕のために営業活動してくれるなら、一気に全国区です。

ゾクゾクします。

リスクは承知で勝負です。
近くの居酒屋でゴングが鳴りました！
とりあえず、ビールとおつまみを2～3品注文しました。
乾杯をしてすぐに広美さんが質問してきました。
僕の担当しているCwaveの番組についてです。

自分がＭＣをしていることや番組内容などを話しました。
相変わらず「すごい！　すごい！」を連呼しています。
本当にこの人は乗せるのが上手です。
相手が気分良くなるツボを心得ています。
この人がうちの営業だったら本当に助かるんだけどなぁ。
そして、30分くらい経過した時、広美さんの口から待望の言葉が出ました。
「杉井さん。お金儲けに興味ないですか？」

キターーーーーーーー！！！！！

待っていました！　そのセリフ!!

杉井「ありがとうございます。もちろん興味ありますよ」

広美「私が尊敬している方がいて、その方の指導で、ものすごく稼いでいる人たちがいるんです」

杉井「すごいですね。いったいどのようなやり方なのですか？」

広美「それは、今ここでお教えできないのです。杉井さん、新宿まで来られませんか？　私の尊敬する人が新宿から出られないので、一緒に来てもらいたいのです」

杉井「ちょっと待ってください。内容もわからないのに返事できませんよ。って、広美さんは実際稼いでいるのですか？」

広美「はい！　私も稼いでいます」

ここで、ワンクッションいれます。

杉井「それでは、広美さんの稼いでいる方法でいいので少し教えてください」
広美「それもできないのです！　詳しくは新宿で私の尊敬する人がお話します。一緒に行きましょう！」
杉井「広美さん、そんな儲かるグループにどうして今日会ったばかりの他人を参加させるのですか？」
広美「杉井さんにぴったりのお仕事だからです！」

先ほどまでの彼女とは別人のようです。
目の色を変えて、まくしたててきます。
そうなると、さっきまで美人に見えていた女性が急に不細工に見えるから不思議です。
僕は急に彼女に興味がなくなってしまいました。
ここは正直に僕の気持ちを伝えよう。

杉井「実は僕、この手の話を広美さんがしてくるだろうと思ってここに来ました」
広美「どういうことですか？」
　彼女は眉をひそめました。
杉井「正直に申しまして、広美さんのそのビジネスで稼げるとは思っておりません。
　内容は教えてもらっていませんが、マルチだとわかります」
広美「……」
杉井「広美さん、ほんと〜に稼げていますか？」
広美「かっ、稼いでます！」
杉井「そうですか〜。興味あるな〜」
広美「はい！　すごいビジネスなんです!!」
　彼女は一転して目を輝かせました。
　しかし、僕は残酷な言葉を発したのです。

—相手が興奮状態のときは、わざとのんびりした口調で話すことで、相手に冷静さを取りもどさせることができる—

杉井「そこじゃなくて、広美さんが尊敬してる人に興味があるのです」
広美「どういうことですか？」
杉井「これだけ人を洗脳できる人に興味があるのですよ」
広美「私は洗脳なんかされていません！」
杉井「落ち着いてください。僕は洗脳が悪いと言っているわけでも、マルチを否定しているわけでもないのです。広美さんが尊敬しているという人に興味があるだけです。その人がそのやり方を教えてくれるなら、新宿だろうと新井宿だろうと（埼玉県のマニアックな地名）行きますよ♪」
広美「私は誘う人を間違えたようです。今日はこれで失礼します！」

彼女はぷりぷり怒りながら店を出て行ってしまいました。
しかし、どっぷり洗脳されていましたね。
僕は本当に洗脳技法を学んでみたかったのに残念です。
だって、その技法を身につけたら恐ろしいほどの集客ができるじゃないですか♪

あっ！　こういうことを書くからぶっ叩かれるのに、僕も学習しない男です。

交流会で、その日すぐの「このあと時間ありますか？」は要注意です。

勧誘部隊の可能性が非常に高いです。

勧誘部隊はとにかく褒め上手で、あなたを気持ちよくします。

それを美女やイケメンが行うケースがあるから、余計にたちが悪いのです。

あなたも、ミイラ取りがミイラにならないように気をつけてくださいね♪

しかし、広美さんは20人の中から、なぜ僕をターゲットに選んだのだろう？

一番スケベそうな顔をしていたのかな？？

僕の顔を知っている人は正直に教えてください。

ご連絡お待ちしております。

—訥々とした話し方に、人は誠意・熱意が先走ってうまく話せないというイメージをいだき、警戒心をみずから取り除いてしまう—

④ 間違えたら即終了の電話対応

第2章の〈アイテム編〉で紹介した方法で後日に電話をいただけることもあります。
特に冊子戦法は電話がかかってくる率が高いです。
しかし、電話対応を間違えるとその時点で終了となります。
せっかく積み上げてここまでたどり着いたのに、失敗したくはないですよね。
それでは順にお話していきましょう。

実例②

あなたの事務所の電話が鳴っています。
さあ、取ってみましょう。
プルルルル　ガチャ
あなた「はい。もしもし」

ハイ！　しゅうりょおおおおおおおです！

いったいどこの事業所が「もしもし」と電話に出るのですか？

あなたが購入しようと電話した相手先が、「もしもし」と出たらどうしますか？

「ここ大丈夫？」となるでしょう。

「お電話ありがとうございます。○○事務所です」

くらいは言ってもらいたいですよね。

この段階で終了にならないように気をつけてください。

さて、それでは次の段階の話に移ります。

実例③

ここでは、冊子を渡すと反応率の高い「お金」絡みの話をしましょう。

補助金、助成金、節税など。

第2章⑤【見事な拒絶反応】でも触れましたが、**「得をする」か「損を免れる」で人は動きます。**

助成金、補助金は、もらえるお金であり得をします。

節税は、知らなければ払っているものを、払わないですむので損を免れるのです。

それでは、例として補助金の冊子から問い合わせが来たバージョンでシミュレーションしてみましょう。

お客様「先生、先日はありがとうございました。いただいた冊子を読ませていただきまして、大変ためになりました」

あなた「いえいえ。お役に立ったのであれば、こちらも嬉しいですよ」

お客様「早速、補助金の申請をしようと思うのですが、経営計画書に販売促進方法を記載するのですよね？」

あなた「はい。大切なところですね」

お客様「ネット広告やチラシなどで大丈夫ですか？」
あなた「はい。その料金を具体的に書いていきます。これはそのサービスを提供している業者が出している料金表のコピーが必要になります」
お客様「そうなんですか」
あなた「はい。それとどこか他に場所を借りて販促活動したり、ＰＲしたりする予定があればそれも記載するといいでしょう。場所代はいくらか。サンプル商品を配るのであれば、何個配布していくらかかるのか具体的に」
お客様「ありがとうございます。先生に電話して良かったです。わからないことがあったら、またおかけします。ありがとうございました」

いかがでしょう？
一見すごく微笑ましい会話ですよね。
しかし、商売人として考えると完全にアウトです！
どうしてか？

だって、あなたは「タダ」のいい人でしかないじゃありませんか。

この「タダ」は「無料」に変換します。


そう！　あなたは無料のいい人なのです。

その証拠にお客様が、「わからないことがあったら、またおかけします」と次回も無料で情報を収集する気満々じゃないですか。

こうなってしまうと、どこからいつから報酬をいただくのか、またそれをお客様が納得するのか、非常に難しいです。


これではビジネスとして終了です。


では、どう対応すれば良かったのか。

この本を購入してくださったあなたへ、特別に魔法の言葉をお教えしましょう。

いたってシンプルで効果的な言葉です。

タイミングをみて「一緒にやってみましょうか」と言えばいいのです。
では、魔法の言葉を使ってシミュレーションをしてみましょう。

お客様「経営計画書に販売促進方法を記載するのですよね?」
あなた「よくお調べになりましたね。しかし、それが細かくて大変なのですよ」
お客様「そうなんです。どういう書き方をすればいいのかわからなくて」
あなた「では、私と一緒にやってみましょうか?」

どうでしょう? 魔法の言葉は♪
プロが一緒にやるということは報酬が発生するということです。
これで面談の予定を立てればいいのです。

電話であまりお話をしてはいけません。

⬇(『士業で成功するアナログ営業術!』電話は5分で勝負!/参照)

⬇(『士業で成功するアナログ営業術!』電話から面談の華麗な切り返し/参照)

—最初は反発をおぼえるような事柄でも、くり返されることによって、相手はしだいにその気になっていく—

５ 煮え切らない人に決断させる方法

これまで、交流会からビジネスに繋げるお話をしてきました。

しかし、ワンクッション使うやり方を取る方もいると思います。

ワンクッションとは、その場では自己紹介程度に留めておいてＳＮＳで繋がり、のちに自分の主催するセミナーやイベントに誘導する方法です。


この方法ですが、結論から申し上げると、とても良いと思います。

例えば、FacebookのようなＳＮＳであれば、相手の投稿に「いいね」や書き込みをしたり、相手からされたりして交流会のあとも関係が継続できます。

いわゆるネットの「お友達」です。

その後、Facebookでイベントページを作成して、それに誘うこともできます。

まあ、こちらの手法が王道かもしれませんね。

しかし、イベントに誘ってもスパッとした返事をしない方が多いのです。

「あいにく出張と重なってしまいました。本当に行きたいので、次回も誘ってください」

「その日はどうしても外せない用事が入っていまして、次は必ず参加します」

「今回は家族で出かけることになってしまったので行けませんが、来月のイベントには是非参加したいです」


これらは僕が現実に言われ続けた台詞《せりふ》です。

僕は毎月第4土曜日に、Cwave行政書士杉井の「まだ依頼するな!」という番組MCを務めています。

この番組は一般の方がスタジオ観覧できるようになっていて、その集客を僕自身が行っているのです。

「次回に」「次は」と何度言われてきたことか…。

もちろん僕も営業経験が長いので、まともに受けてはいませんが、「次回は、必ず参加したい」とか「来月は、是非参加したい」とか具体的に言われると少しは期待してしまいます。

でも結局、参加してはもらえないことがほとんどです。

引き延ばしの連続ですね。

そこで僕は、とうとう魔法の言葉をあみ出してしまいました！

この言葉を使うと相手に「決定」をさせることになります。

現に使用したら、今まで引き延ばしていた人がスパッと参加しました。

しかしそれを、あなたにお教えしていいか悩むところではあります。

なぜなら、この魔法の言葉は副作用が強いからです。

良くも悪くもはっきり結果が出てしまうのです。

良い結果なら、引き延ばしていた相手がとうとう参加します。

しかし、悪い結果なら、関係が終了します。

どういたしましょう?

それでも魔法の言葉を使用してみたいですか?


かしこまりました。

では、覚悟して使用してください。

相手から「次回は、必ず参加したい」「来月は、是非参加したい」と返信が来たら、こう告げてください。


「次回のご予約ありがとうございます。とても嬉しいです。

早速、お席をお取りいたしました。
○月○日お待ちしています。ありがとうございました」

煮え切らない人に決断させる方法でした。

第5章

交流会

愛で引きつける主催編

1 自分でつくればいい

どうも自分の求めている交流会がない、近くで開催していないなど、しっくりいかない方もいると思います。

そんなあなたでしたら、誰かが開催するのを待つより自分で主催してしまったらいかがでしょう？

そうすれば、あなたの理想に近い交流会になるではありませんか♪

もちろん、交流会でなくてもいいのです。

勉強会でも座談会でも、あなたのビジネスに繋がるような会を主催すればいいのです。

この手の集いでしたら、そんなに集客しなくていいので濃い内容で行えます。

例えば、勉強会でしたら、あなたの他に3人もいれば形になります。

座談会でも数人集まればいいでしょう。

どうです？

これくらいの規模でしたら、ネットやＳＮＳで集客しやすいでしょう。

なにも50人も１００人も集める会を開くことはありません。

こういう大規模な会は準備が大変ですし、ひとりではさばき切れないので何人かスタッフが必要になります。

さらに、第1章③「数の誘惑」でもお話ししましたが、人数が多くなればなるほどビジネスに繋げることが難しくなります。


ここではっきり申し上げておきますが、**交流会、勉強会などを主催して、それ自体で収益を上げようと思わないでください。**

あくまでもビジネスに繋げるというスタンスでお願いします。

ここを間違えるとあなたは、その会もあとのサービスや商品も両方パーになります。

だって、あなたはイベント屋ではないのですから。

こっちに走ると大変ですよ。


まず、参加者の数をお金で計算するようになってしまいます。

こうなると集客がうまくいきません。

人を集めているうちは成功するかもしれませんが、お金を集め出したら失敗します。


どういうことかお話します。


あなたがのちに提供しようと思うサービスがあって会を主催した場合、参加する人を選ぶはずです。

無理に参加してもらっても、そのあとに繋がらないですからね。

ところが、その会自体で収益を出すことを考えてしまった場合は、なるべくたくさんの人を集めようとします。

そうなると自分が理想としていた会とはドンドンかけ離れていくのです。

自分が掲げたテーマとは関係のない人まで誘うようになります。

これでは本末転倒です。


これがセミナーの場合は少し話が変わってきます。

立場が先生と生徒ですので…。


➡（『士業で成功するアナログ営業術！』セミナーを使う営業術／参照）

交流会や勉強会は主催者と参加者の立場は限りなく平等です。


赤字にならない程度の料金設定や多少の持ち出しについては、これは仕方ないと考えた方がいいでしょう。

あなたがもし交流会や勉強会に参加した場合でも何千円か支払うでしょうから、その程度の持ち出しであれば、十分モトは取っていますよ♪

そのあとは、ビジネスに繋がるのですから安いものです。

❷ 狙い打ちに活路を見いだす

あなたは士業として、自分のブランディングを考えています。
それには「出版」が有効ではないかと思いました。
もし出版できれば全国に名前が売れるかもしれません。
そこで、その関係のイベントを探していたところ、次の４つが見つかりました。
参加する会を決めてください。

①作家デビューする会
②商業出版する会
③ビジネス本を商業出版する会
④士業のビジネス本を商業出版する会

決まりましたか？

意外と迷わずに決まったんじゃないですか？

あなたが士業なら④を選んだと思います。

①から④までありますが、数字が大きくなるにつれてテーマを絞っているのがわかりますよね。

①の「作家デビューする会」はかなり広い範囲の会です。

小説なのかビジネス本なのか、自費出版なのか商業出版なのか。

作家と言ってもいろんなジャンル、スタイルがありますからね。

この会の開催者は間口を広くして集客したいと思ったのでしょう。

しかし、現実は選ばれない会なのです。

そして、選ばれるのはテーマを絞った会です。

参加者の時は、絞った会を好むのに、いざ主催者側になると広げてしまう方が多い。たくさんの人に来てもらおうとして、逆効果のことをしてしまうのです。

これで、この章の最初の項でお話した「会自体で収益を上げようとするな」と言った理由がおわかりになったと思います。

あなたが相続を扱う士業なら、

「相続勉強会」とか「相続相談会」などといった間口の広いテーマではなく、「遺言書であなたの意思を残す勉強会」とか「遺産による不動産の分割方法を学ぶ会」など、より具体的なテーマがいいでしょう。

この例に上げたテーマならあなたのビジネスにも繋げやすいですよね♪


遺言書なら公正証書にするためにあなたの力が必要になりますし、不動産の分割なら遺産分割協議書の出番です。

登記、名義、税金の問題も出てくるかもしれません。

これが「エンディングノートの書き方」とかやってしまうとバックエンドに繋がりません。エンディングノートに法的効力はありません。残った人が困らないようにしたり、気持ちを伝えたりする「ノート」です。遺言書、相続とはまったく違う種類のものです。会に参加した方から、すぐに業務依頼をいただけることはありません。

ある行政書士が、エンディングノートが売れるから開催していると言っていたのですが、よくよく聞くと１００円で数人に販売したようです。趣味で主催されるのであれば問題ないですが、ビジネスに繋げるといった点ではちょっと弱いですかね。

補助金、助成金、税金などあなたの業務範囲で、かつ、ターゲットを絞った会にしましょう。

間違っても同業者相手に実務勉強会なんてやってはいけません。

業務依頼に繋がりませんので。
さて、あなたはどんなテーマ、タイトルで会を主催いたしますか？

③ 安心してください、来ないから

会を主催するにあたり、会場を考えますよね。
どこでどれぐらいの規模の会場を借りるか。
ここでは、そのことについてお話したいと思います。

実例①

行政書士で交流会を主催している人がいました。
自分の名前を会の名前にする、ちょっとアレな部分はありますが、イベントを定期的に開催すると言って力を入れていました。

—「しかし」を「だからこそ」に変えることによって、当たり前の結論でも、相手に強く印象づけられる—

ある時、何を思ったか彼は交流会の会場に音楽室を選びました。

広い会場で防音装置もばっちりです。

４時間も借りて、それなりに高い料金を支払ったのでしょう。

さて、当日。

待てど暮らせど、猫の子一匹現れません。

結局、最後まで彼ひとりでした。


その日のイベント終了時間。

ＳＮＳに彼が１枚の画像とコメントをＵＰしました。

画像には資料の束とパソコンが写っていました。

そして、ひと言。

「ひとりの時間を大切にする」


僕には、その文字が彼の涙でにじんでいるように見えました。

ある意味、防音装置がついている会場で良かったかもしれないですね。

そのイベントの告知をＳＮＳで行っていましたので、当日に彼が会場にいることをみんな知っています。

そんな記事を上げなければわからなかったのにとも思いますが、彼なりのケジメだったのかもしれません。

それ以来、イベント主催をしなくなってしまいました。


いかがでしたか？　イベントを企画する人は、計画の時点で「これはいい」「これは成功する」と考えます。

まあ、ダメだと思ってやる人は少ないでしょうから当たり前ですが。

そうなると少し大きめの会場を押さえたくなります。


しかし、イベント主催初心者がこれをやると切ないことになります。

あなたの想像している数よりはるかに集まりません。


—自分の話を印象づけたかったら、こと細かに説明するよりも、短くまとめたほうが効果的である—

ですので、借りる時は小さい会場を借りてください。

「もう４人で満員だよ」という程度でも構いません。

そうなれば、あなたは３人の集客で「満員御礼」の札を出せるのです。

それで、「いける！」とわかったら、次回から少しずつ大きめの会場に切り換えていけばいいのです。

市や町が運営している施設は比較的安く借りられます。

３〜４時間借りて千円前後というところもあります。

ただし、ほとんどの公共施設は「非営利に限る」となっています。

どういうことかと言うと、物販はもちろん入場料や講習料など、その場でお金のやり取りができないのです。

「営利可」のところもありますが、非営利の10倍以上料金がかかる場合もあります。

なので、「無料開催」で行うのであれば、かなりお安く主催できるということです。

民間施設で開催する場合は、お金のやり取りの制限がほとんどないでしょうが、施設利用料がそれなりにかかります。

しかし、5～6人までの会場なら安く借りられるかもしれません。

これは、本当にピンキリですので、よく調べた方がいいです。

こだわらないのであれば、ファミレスやカラオケBOXのようなところでもいいのかなとも思いますが、集中できない気もします。

ただのおしゃべりで終わってしまうとビジネスに繋がりませんので。


ここで、裏技をひとつお教えしておきます。

個人経営のレストラン、喫茶店、居酒屋、小料理屋など昼が終わったあたりから夕方まで、使っていいよと言ってくれるところがあります。

あなたが常連になっている店があれば聞いてみてはいかがでしょう?

ドリンクや簡単な料理だったら出すよと言ってくれるところもあります。

ある意味、貸し切りですから集中できます。


—よそよそしい相手も、ボヤキや失敗談をすることで、相手との心理的距離を縮めることができる—

もちろん、お金はお支払いすることになりますが、施設で会場を借りるよりお安く済むかもしれません。

ポイントは個人経営の店です。


大勢集めなくていいとなったら気持ちが楽になりましたか？

大きい会場でスカスカより、小さめの会場でビシッとした方が決まりますよ♪

えっ？

僕の言うこと聞いて小さい会場にしたら、いきなり20人も集まって、えらいことになった？？

すぐに当事務所にお電話ください。

あなたは、本日付けで当事務所の営業部長となりました。

今日から行政書士杉井法務事務所のために営業活動していただきます。

4 納豆とイベントは粘りが大切

あなたの主催したイベントで集客がうまくいかなかったとします。
その場合は、原因が何だったのか考えてみる必要があります。
集客方法が悪かったのか？　参加費の設定が悪かったのか？
開催地が悪かったのか？　日時が悪かったのか？
そして、少しずつ修正をしていけばいいのです。

ただ、まったく集客できない場合を除いて、1人でも2人でも参加者がいるのであれば、
テーマは変えない方がいいでしょう。
最初からガンガン集まるなんてことはないですから、もう少し粘ってみましょう。
ある時を境にグンと伸びる時もありますので。

それに、ひとつのテーマで継続していると、いいこともあるのです。

参加してくれた方がＳＮＳにその会について投稿してくれたとします。

すると、そのお友達が投稿を見て、興味を持ってくれるかもしれません。

「次、あったら行ってみたいな」

と考えてくれているかもしれません。


そうして、口コミで広がって成功している主催者がかなりいます。

ところが、テーマを変えて会を開催した場合は、またイチからやり直しです。

新しいことを始めると、浸透するのにどうしても時間はかかります。

ですので、ある程度の粘りが必要なのです。


その、「新しいこと」について少しお話をします。

新しいことを始める、または始めようとすると、必ずと言っていいほど批判する人が出てきます。

実例②

僕自身もイベントはセミナーから生放送番組、交流会まで開催しています。

しかも、これらは行政書士一年生の時から始めました。

特にぶっ叩かれたのは〝Cwave行政書士杉井の「まだ依頼するな！」〟です。

番組開始当時、メディアで行政書士の冠番組は僕のところだけでした。

YouTubeで、個人のアカウントで動画配信している方はいましたが、きちんとした放送局で番組をやっている行政書士はいませんでした。


当然、良くも悪くも目立ちます。

この番組は、ゲストに士業をはじめ、専門家などを呼んで60分生放送で行います。

スタジオで番組観覧もできるようになっていて、お客様はライブの臨場感を味わえます。

ある女性行政書士がゲスト出演することになりました。

番組進行表も作成し、前回の放送で予告までしていました。

ところが突然、出演しないと言い出したのです。

これには驚きました。

すでに番組観覧の申し込みが入っていましたし、いまさら他のゲストを探す時間もありません。

当然、僕はどういうことかお聞きしました。

杉井「番組で予告まで出しているのですよ。何があったのですか?」

女性「杉井先生の噂を聞きました。それで、私も信用でやっているので…」

杉井「噂を聞いて出演できないということですか?」

（こっちの信用はどうなっても構わないということか?）

女性「はい。悪い噂がある人の番組に出ることはできないのです」

杉井「ちょっと待ってください。どのような話を聞いたのですか?」

（だったら最初から出ると言わなければいいのに…）

女性「セミナーで人を集めて、ある程度話をして、もっと聞きたい人からは料金を取ると
聞きました」

杉井「それで、その話をした人から出演するのをやめろと言われたのですか？」

（そのセミナーのどこが悪いことなんだ？？）

女性「はい。私の信用問題ですので」


どうも、他の人から言われたから出演しないということです。

この女性行政書士の出演の話は、番組アシスタントが持ってきたものでした。

もちろん、番組アシスタントはまったく悪くありません。

僕がゲストに呼べそうな人がいたら紹介してと言っていたので、忠実に任務を遂行したたけです。

しかし、ものすごく責任を感じてしまって、泣きながら謝ってきました。

このあと、僕はホームページ、SNS等で予告した内容の変更、謝罪を大急ぎでUPしました。

すでに番組観覧を申し込まれている方には、個別に連絡を取って謝罪いたしました。

当の女性行政書士からは最後まで、番組アシスタントにも僕にも一回も謝罪の言葉はありませんでした。

この他にも、僕を面白く思っていない人から批判を受けたり、理不尽なことを言われたりもしました。

しかし僕は、この手の話を一切無視して番組を継続しました。

その批判している人の言うことを聞いても1円にもならないし、仕事を出してくれるわけでもありません。

こうして、どうなったか？

番組放送開始から3年。

これはあなたも知っている通り、AbemaTV系「FRESH!」という唯一の行政書士番組を継続しています。

番組観客動員数も、Cwaveではトップを維持しています。

また、ここ1年くらいの間に他の行政書士もいろんな媒体で番組を持つようになりました。

とてもいいことだと思います。

あなたが完全に間違ったことや違法なことをしていないのであれば、批判や批評なんて気にしなくていいのです。

それにちょっと叩かれるくらいがちょうどいいのですよ。

なぜか?

だって、その手の話はみんな好きだから名前が一気に広まります。

まあ、やりすぎると炎上商法と言われますがね♪

—外見的イメージと逆の面を指摘すれば、相手をより深く見ている印象を与える—

❺ 愛のメッセージ

あなたは登録している単位会の研修に参加しています。

研修も終盤になってくると、みんな集中力が薄れてきているようで、こっくりこっくりやる人も出てきました。

そんな中、あなたの隣に座っている異性の同業者は、しっかりとノートを取って真剣に研修を受けています。


休憩時間に話をした時に、あなたの帰る方向と一緒の路線だということがわかりました。

おっと、研修終了の時間です。

さて、あなたにこの同業者の異性をお食事に誘っていただきます。

どちらのセリフで誘いますか？

Ⓐ　そう言えば帰り道が一緒でしたね。お食事してから帰りませんか？
私がよく行く店なんですが、いいところがあるのです。
新鮮な刺身や脂の乗った焼き魚、貝類もいけますよ♪

Ⓑ　研修お疲れ様でした。最後までしっかりノートを取っていましたね。
すごいなと思って見ていました。
帰り道が一緒ですのでお食事してから帰りませんか？

これは、あなたのモテ度合い、さらには営業力まで判明しますから、真剣に選んでくださいよ♪
さて、決まりましたか？　それでは、解説と見解に移ります。

（Ⓐのセリフ）
ストレートな誘い方ですね。

―情報を提供するときは、「あなただからこそ話す」と相手の自尊心を刺激すると、すんなり受け入れられやすい―

お店の紹介の仕方も短いセリフの中に上手に収めています。

仲の良い人相手ならこの誘い方で良いでしょう。

しかし、このセリフには、あなたの気持ちと要望しか入っていません。

初めて誘う人や、あなたにまだ興味を示していない相手だと断られる可能性が高いでしょう。


（Ⓑのセリフ）

一見、食事とは関係ない話がほとんどです。

お店のこともセリフに入れていません。

しかし、最初に相手のことを言いました。

自分のことを言われているのですから、相手は話に興味を示します。

誘いに乗ってもらえる可能性が高いのはこちらです。


これは、そっくり同じことが営業、集客にも当てはまります。

あなたもイベントのお誘いを受けたことがあると思います。

メールで営業されることが多いのではないでしょうか。

そのメール、きちんと読んでいますか？

「あっ！　またイベントのお誘いか」

で閉じてしまっているでしょう。

なぜなら、先ほどのⒶの誘い方をされたからです。


営業メールの場合、だいたいの人は、上3行から4行程度で読むかどうか判断します。


ここにいきなり、「イベントに参加しませんか」なんて入れたら、もう読んでもらえません。

営業メールとわかってしまうからです。

ところが、最初に自分のことが書いてあると読み進めてしまいます。

それがⒷの誘い方なのです。

これは裏の話になりますが、トップセールスはこれくらいのことをみんなやっています。

あなたの企画したイベントがそんなに大勢を集客しないですむものであれば、個別にこの「愛のメッセージ」を送ってみてください。

反応率が大幅にアップします。


あっ！

ご結婚されている方は、この手法を悪用して異性を口説かないでくださいね。

それでおかしなことになっても当方は一切関知しませんよ。

コラム

応援されると躍進速度が加速する　その3

「土日だけでもここを資格塾として、どうぞ使ってください」

塾長が土日の塾の開校を勧めてきてくれたのです。

まんてんトラストは平日のみの学習塾なので、確かに土日は空いています。

しかし僕は、あまりにもいい話なので、少しちゅうちょしてしまいました。

1年後くらいに開校できればいいなと思っていたのですから、いくら僕でもビビリます。

塾経営ど素人で運営できるだろうか？

立地的に集客できるだろうか？

準備期間なしの開校で通用するだろうか？

めずらしく弱気な気持ちがよぎりました。

「何を考えてるんだ！

それを通してきたから、今の僕があるんじゃないか!!」

僕がちゅうちょしている間に、誰かが月謝制や自立型の資格塾を始めてしまうかもしれません。

そのあとに僕が開校しても「真似した人」と言われるでしょう。

ほかの人が、土日にここを使うことになっても終了です。

まともに、塾を一から開校しようとしたら、設備費だけでも相当なお金がかかります。

それがそろっているのですから、これをチャンスと言わず何がチャンスなのか。

そもそも、自分が本に書いているではないですか。

『一見、「様子を見る」というのは便利な言葉です。

でも、言い換えれば「何もしない」ということです。

それに、「様子を見ている間」は1円も入りません。』

（『士業で成功するアナログ営業術！』あなたは傘の商人です／参照）

「ありがとうございます！　使わせていただきます！」

僕が力強く返事をすると塾長はニコリと笑顔で返してくれました。

ここから一気にあわただしくなります。

塾の名前は「まんてんトラスト国家資格部」にしました。

これは、学習塾と資格塾のドッキングの話題性と相乗効果を狙ったからです。

そして、塾の時間帯、料金設定、教材をすぐに決めました。

そして集客ですが、これこそ杉井の真骨頂である、セミナーからの入塾誘導で勝負することにしました。

まずＳＮＳ、地元のサイト、YouTube、ホームページなどで「無料セミナー」の告知をしました。

開催場所は、まんてんトラストです。

これは、わざとそうしたのです。

開催場所が本拠地の塾ということは、「それなりの勧誘があるだろう」と受講者はわかって参加します。

こうなると、こちらもバックエンドで勝負しやすいのです。

えっ？　どうしてセミナーじゃなく「入塾説明会」にしないか？？

それでは、集客できないのですよ。

あなたは、初対面の相手を口説くのに「ホテル行きましょう」といきなり言いますか？

形だけでも「お食事に」「ドライブに」と言うでしょ♪

相手がいくら内心ＯＫと思っていても、いきなり、どストレートの大砲出したらビンタされます。

セミナーのタイトルは「偏差値38以下専用　行政書士・宅建士　裏ワザ合格術」です。

なかなか惹かれるものがあるでしょ♪

無事に入塾してくれる人もいて、なんとか開校することができました。

このように、たくさんの方の応援、支援があって今の僕に至っています。

一人では上れない階段を、背中を押してもらって進んでいます。

えっ？　あなたも応援してくれるのですか？？

ありがとうございます！

そうしましたら、まず今読んでいるこの本を写真に撮っちゃいましょう。

それで、ＳＮＳやブログなどにＵＰしちゃいましょう♪

あなたがFacebookをやっているのであれば、本のタイトルとともに画像を上げてください。

検索して、僕自身が「いいね」を押しにいきますので、よろしくお願いします♪

第6章

番外編

交流会で「×」の残念な人たち

この〈番外編〉の章では、あなたにどういう内容をお話したら喜んでもらえるか僕なりに考えました。

それには、あなたが読みたい、聞きたいと思うことをお話するのが一番だと思います。

この章まで、いろいろな成功事例を随所に入れてきました。

でも、あなたが本当に聞きたかったこととは違うのではないかとも思っています。

この本のタイトルが『士業で成功する〈交流会活用〉営業術！』なのですから、成功例を紹介するのがセオリーです。

しかし、それでは当たり前すぎて、そこいらのビジネス本となんら変わりのないものになってしまいますね。

「そうだよ！　杉ちゃん。
あんたが書いた本だから買ったのに、どこで笑えば良かったんだよ！」

ＯＫ！　ＯＫ！
あなたの気持ちは重々承知しております。
ここからは杉井の本領発揮でいきましょう！
他人がやらかした、とんでもない失敗の数々を一気にご紹介していきます。
反面教師陣はすべて現役の士業です。

「人の振り見て我が振り直せ」
そもそも、成功談を聞いてもなかなかマネできませんが、失敗談を聞けば気をつけるのが人間です。

自分の失敗は笑えないが他人の失敗なら腹抱えて笑える。
あなたのその性格…嫌いじゃない…。

① 恐怖で縛る男

まだ新人の女性行政書士がいました。

その女性は試験に合格した半年後に行政書士事務所を開業しました。

右も左もわからない状態だったので、支部で行われている勉強会に参加してみることにしました。

しかし、もともと内気な性格の彼女は勉強会のメンバーになかなか溶け込めません。

そんな中、一人の男が声をかけてきました。


「僕が個人でやっている勉強会があるからそっちに来てみませんか？」


男の話を聞いてみると、彼女と同じ年に合格して、少し前に開業したとのこと。

その男にとても親近感がわきました。

彼女は声をかけてもらったことをすごく嬉しく感じて、二つ返事でOKしました。

その日の夜に男からメールが入りました。

勉強会を行うから朝、ファミレスに来て欲しいというのです。

彼女は主婦ですので、朝は時間が取れません。

そこで、お昼であれば参加できる旨を伝えました。

すると男は、次の日の昼2時を指定してきました。

彼女は突然のことで驚きましたが、自分が昼を希望した手前、断りづらくなって指定された時間で承諾しました。

次の日、指示されたファミレスに行くと男はすでに来ていました。

彼女も時間前に到着したのですが、お待たせしたことについては謝罪しました。

すると男は信じられないような言葉を彼女に浴びせてきたのです。

「遅いですよ。僕の時間は本来、有料なのですよ。だから朝がいいと言ったのです。この時間だと僕の貴重な一日の時間をここに充てるようになるじゃないですか！」

彼女は、「だったら辞めればいいのに」という言葉を飲み込んで、ひたすら頭を下げました。

すると男は、気分を良くして、「今度から気をつけてくださいよ」と言って、ふんぞり返りました。

ここで彼女は昨日から疑問に感じていたことを口にしました。

「あの…ほかの参加者の方は？」

すると男は、また不機嫌になり

「まだ、誰も参加者がいない会なのです。

僕はあなたのためにこの会を開催したのですよ。

これから増やしていくために何をすればいいかあなたも考えてくださいよ！」

と言い出しました。

彼女は誘われて参加しただけなのに、なぜ怒られているかわかりません。

完全に恐怖を感じました。

そのあとも、ことあるごとに怒られます。

主要業務を聞かれて、決まっていないと言うと、そんなんじゃ行政書士は務まらないと怒鳴られます。

ＷＥＢデザインの仕事をしていたから、それを活かしたいと言うと、そんなものは行政書士では通用しないとバカにされます。

しかし、彼女は風営法の申請時の図面に使えるＣＡＤを売りにしたいと主張しました。

「だったら、どの程度のものか見ますので、まずセミナーのチラシのデザインを作成してもらえますか？」

なんと男は、自分が主催するセミナーのデザイン作成を彼女に要求してきたのです。

彼女はこの時、まともな思考回路ではなかったのでしょう。

言われるがまま、セミナーのチラシをパソコンで作ることになりました。

男の注文が細かくて、作成にかなりの時間を要しました。


次の勉強会の時です。

男は財布から千円札1枚を取り出して、彼女に渡しました。

「あっ。これ、この間のお礼ね」


その日以降、彼女が男の主催する会に参加することはありませんでした。

【杉井の見解】


これをやった男と彼女、二人とも僕はリアルで知っています。

男の方は「教祖になりたい」とも言っていて、その手の本を読んだりしていました。

おそらくですが、恐怖で縛る戦法を使ったのだと思います。
バカですよね♪
この手の戦法は限られた人にしか通用しません。
そもそも、行政書士がそんなＤＶのようなことをしてはいけません。

ただ、出だしの誘い方はうまい！
交流会、勉強会などでポツンとひとりでいる人に声をかけると成功率は高いです。
きっと、落ち着かなかったり、不安になっていたりしていますので。

ちなみに、この話には続きがあります。
彼女はその後、メディアにも出演する有名な行政書士になりました。
同じ支部ですから、二人は顔を合わせることもあります。
その時、男は小さくなっているそうです♪

❷ セレブ感が強烈な女

これは、あるセレブな女性士業の話です。

このセレブは交流会や勉強会に参加することが大好きです。

おそらく週3日は、どこかしら、なにかしらの催しに参加していたと思います。

参加費だけでもかなりの額を使っていました。

僕は、お金のこともそうですが、仕事のことがもっと心配でした。

だって、そんなにイベントに参加しまくっていたら、本来の仕事をする時間がないではないですか。


他に従業員がいたり、外注したりしている様子はまったくないのです。

不思議ですよね？

ある時、このセレブから電話がありました。

朝会のグループに加入することになったそうです。

このグループは、メンバー同士で仕事を紹介しあうシステムです。

僕は、自分の仕事すら取ってこられないのに他人に紹介なんてできるのか？　と思いました。

だって、そう思いませんか？

そんなに紹介できるほどのルートやコネクションがあるなら、まず自分が潤っているはずじゃないですか。

自分が「彼氏、欲しい欲しい」言っている人が、他人にイケメンをバンバン紹介することができるのですかね？

仮に、人の喜ぶ顔が見たい、人の幸せが嬉しいという人がいたとしても高額な料金を払ってまで紹介しますか？

そう！
この朝会に加入するには高額のお金を支払うのです。
まあ、僕はひとのやることなので賛成も反対しませんでした。

その後のセレブは、恐ろしい進化？　を遂げました。
ほぼ毎日、催しに参加するようになりました。
高層ビルの一角で行われるランチ会やディナー会。
お誘いも多いのでしょう。
この会は他の人に紹介できない場合は、身銭を切って協力するようです。
セレブは、その豪遊っぷりを写真に撮ってＳＮＳに毎日投稿しました。

肝心の仕事ですが、確かに紹介を受けているようで、たまにポツリポツリと役所で順番待ちをしている投稿を見かけました。
しかし、その業務の報酬では補えないであろうセレブっぷり。

多分、「私はこれだけのお金を使える士業なのよ」というのをアピールしてお客様を捕まえたかったのだと思います。

しかし、世の中そうそう思い通りにはいきません。
最近の依頼者の傾向として、受任する人の名前をネット検索します。
ブログやＳＮＳで出てきた場合は、その人の投稿をチェックするようです。
そんな時、豪華な食事を毎日している投稿を見たら依頼しません。
情報商材屋が使う手口ですが、すでに看破されています。

結局このセレブは、どうなったのか。
どうも、ご主人の稼いできたお金をつぎ込んでいたようです。
ご主人はごく一般のサラリーマン。
現在は、離婚の話が進んでいるとのこと。
交流会や勉強会が原因で家庭崩壊になることもあるのですね。

【杉井の見解】

これに似た手口の宣伝が、ひと昔前に雑誌の裏なんかによく載っていましたよね。札束の風呂や豪華な食事などの写真を見せて、変なネックレスだかブレスレットだかを売るビジネス。

これを士業がやるのだから目を覆いますよ。

分相応がいいのです。

ミエを張っても仕方ないのですから。

一般人でも士業でも、こんな生活を続けていたらいつかは崩壊します。

③ 本気でさわりたい男

これは、ある行政書士の話です。

その行政書士は冗談が好きで、場を盛り上げたり、沸かせたりするのが得意でした。

ある勉強会のあとのできごとです。
その会の主催者と一緒に帰ることになりました。

行政書士「せっかくだから、ちょっと飲んでから帰りますか？」
主催者「先生は、このあたり詳しいのですか？」
行政書士「はい。僕の地元ですから知っているお店多いですよ♪」
主催者「そうなんですね」

この主催者はとてもマジメな男で、普段は色っぽい話ひとつしないのです。
行政書士はちょっと、からかってみたくなりました。

行政書士「居酒屋とえっちなお店のどちらにしますか？」
この時、行政書士は主催者の反応を楽しもうと思っていました。
しかし、これが大変なことになります。

主催者「ちょっと…さわれる店に行きたいです」

えええええええええええええええええええ？？？？？

「さわれる」って、ガチの方じゃん！

なんという具体的なリクエスト!!

ここは笑いを取るところだったのに、本気で指定されて行政書士は泡を食いました。

実はそういうお店をまったく知りません。

そもそも、おさわりバーなるものがいまどき存在するのかもわかりません。

行政書士の軽く発した言葉のせいで、主催者の欲望に火をつけてしまいました。

この始末どうしたものか…。

行政書士は、とりあえず女の子がつく店に連れて行って、お茶を濁そうと考えました。

しかし、その手のお店を知りません。

間違っても客引きについて行くわけにはいきません。

どこに連れて行かれるか、わかったもんじゃないのです。

そこで、外観で危なくなさそうなお店に飛び込みで入ってしまうことにしました。

最初に1万円払って、これで飲ませてくれ戦法にします。

そうすれば、会計時に足りないなんてことは起きません。

歩きながら探していると「ねこまんま」という名前のスナックを見つけました。

この名前で、ぼったくられることはないだろうとドアを開けました。


「あら～！　いらっしゃ～い♪　初めてよね～♪♪

ところでこのお店どういうところか知ってるの～？」


知らないで入ったけど、あんたを見れば一発でどんな店かわかるって！

行政書士が選んだ店はおもいっきりゲイバーでした。

個人的には、この手のお店は面白そうだし、話術の勉強にもなるから入ってもいいのですが、主催者が許すわけがありません。


「すみません！　間違えました!!」

行政書士が慌てて店を出ようとすると、ヒゲのあるおねえさんが追いかけてきました。

「ちょっと遊んでいってくれればいいのに〜♪
な〜に〜？　やっぱり女の子がつく店がいいの？
だったら、このとなりのお店がいいわよ♪　安いから♪」

なんと、おねえさんが親切に教えてくれました。
本当にこの種の人たちはやさしいんですよね。
行政書士は別の日に改めて来たいと思いました。
結局、「ねこまんま」のとなりの店で、なんとかやり過ごしてその日が終われました。
あ〜大変だった。
って、これ俺の話だよ!!

【杉井の見解】

冗談や社交辞令が通用しない相手に軽口を叩いてしまうと面倒なことになります。

僕は何度か経験しています。

あなたもお気をつけてください。

ちなみに京都では、自宅に来たお客様が帰ろうとすると、

「お茶漬けをご用意いたしましたのに」と言うそうです。

これは、そういう慣習なのですが、知らないで食べてから帰ろうとすると大変なことになります。

おそらく二度と呼ばれなくなるでしょう。

④ 司法試験に誇りを持つ男

福岡県で開業する行政書士からの密告です。

都市部で開催されている、ある交流会はアルコールありで、いつも盛り上がる催しです。

常連やリピーターも多く、他県から参加する人もいます。

そこへ、初参加で行政書士のバッジをつけた男が現れました。


男は積極的に名刺交換をしています。

しかし、残念なことに相手から次々と嫌われていきました。

なぜか？

その行政書士の名刺には余計なことが記載してあったからです。

「司法試験一次通過の行政書士だから安心してご依頼ください」

確かにこれはひどい！

自分が行政書士であれば、司法試験うんぬんはまったく関係ないし、行政書士のことを愚弄しているようにも見えます。

司法試験について簡単に説明すると、旧型の試験は一次と二次がありました。一次を通過した者が二次試験の受験資格を得られたのです。

当時、一次試験は通過できても二次試験が合格できない受験生がたくさんいました。この行政書士は本来、弁護士になりたかったのでしょう。それが不発に終わって、行政書士になったということです。

要は、「以前は司法試験受験生でした」ということを自慢しているのです。資格の上下はせいぜい受験生までで、開業したら勝負するところは、そこではありません。しかも、この行政書士は求められてもいないのに、アドバイスという名のダメ出しを片っ端からしていったのです。

「その業務は、一般人にはできませんね。私のような法律家をつけなければ、捕まるかもしれませんよ」

「それは、あとあとトラブルの原因になるから、専門知識のある私のような者がいないと大変なことになりますよ」

「だから一般人は危険なのです。知らないは罪ですよ」

性格がモロに出ていますよね。

プライドだけが高くて、中身が伴わない。

同業の行政書士も参加していたのですが、その人にも小馬鹿にしたような態度を取っていました。

会の開始から1時間ほど経過して、お酒も進んできた頃。

ひとりの常連参加者がキレ気味に行政書士に言いました。

「あなた、さっきから説教して回っているけど、そんなに偉いの？」

このひと言が参加者たちの反撃の狼煙《のろし》となりました。

やはり、みなさん腹に据えかねていたのでしょう。

この行政書士を囲んで一斉攻撃です。

「司法試験に合格してないんだから、落第生ってことでしょ」

「そんなに弁護士にこだわるなら、行政書士なんてやらなきゃいいじゃないですか」

「司法試験だかなんだか知らないけど、依頼するなら謙虚な行政書士に頼みたいね」

どうも、もうひとりの行政書士がこの会の常連さんで、その人を見下した態度を取っているのを見てキレたようです。

「司法試験一次通過行政書士」は、半泣きで逃げるように会場を出て行きました。

スカッとするお話でした。


【杉井の見解】

これは、僕も同じ行政書士だから参加者たち以上に思うところがあります。

そもそも、この司法試験行政書士にお客様がいるのですかね？

とても稼いでいるようには見えません。

「人の振り見て我が振り直せ」

僕自身もこうならないように気をつけたいと思います。

⑤作家の仲間入りを果たした女

20人くらいが集まる、なかなかの規模の交流会でのできごとです。

そこに40代の女性社労士が参加していました。

やり手のキャリアウーマン風に見えます。

ビジネスマナーもしっかりしていて、見ていて気持ちがいいです。

参加者Ａ「社会保険労務士さんなんですね？」

社労士「はい、そうです。でも最近は執筆活動がメインで」
参加者Ｂ「執筆？　作家さんもやっているのですか？」
社労士「そうなんです。締切期限とかあって、そっちの仕事の方が大変です」
参加者Ａ「本を出したりしてるんですか？」
社労士「一応、出させてもらっています♪」
参加者Ａ「すご～い！　なんてタイトルの本ですか？」
社労士「セキララな開業体験記です」
参加者Ｂ「すごいですね～　ものを書く仕事って尊敬しちゃいます」
社労士「そんな、たいしたことはないんですよ♪　私もまさか作家になるとは思わなくて、
　　人生っておもしろいですね」

どうやらこの社労士は作家活動もされているようです。
それを聞いた参加者のＡとＢはさっそくスマートホンで検索しました。

すると…、

確かに「セキララな開業体験記」というものは存在します。

しかし、それは資格通信講座の会社が受講生に配布している会報のようなもので、出版された本とは違うものでした。

これを知ったAとBのテンションの落ち方と言ったらもう…。

【杉井の見解】

う〜ん。

なんて言うか、おしいですね。

そこ以外は、完璧に近い振る舞いをされていたのでしょう。

今、みなさんスマートホンを持っていますから、その場で調べられてしまうのです。

これ、ひとごとじゃないんですよ。

同じような失敗をしている人が結構いました。

講演をやったと言って、ファミレスでのトークだったり。

コンサートをやったと言って、カラオケボックスのパーティールームだったり。

あまり温度差のあることは言わない方がいいかもしれませんね。

いい意味でも悪い意味でも、すぐにわかってしまう時代になりましたから。

⑥ 事務所の引っ越しを告知した男

その士業の男は交流会でも勉強会でも、会う人たちに「近々、事務所を引っ越す」と言って回っていました。

男は自宅事務所で開業していたので、とうとう別に事務所を借りたんだなと仲間内では微笑ましい気持ちでいました。

そして、男がFacebookに「引っ越し完了しました」という記事を投稿しました。

男は、イベントで知り合った人のほとんどにFacebookでお友達申請をしていましたので、かなりの数の人がお祝いの書き込みをしていました。

しかし、どうもおかしい。

その男の登録がなされている士業の単位会もホームページも事務所の住所が変わっていないのです。

電話番号すら、そのままです。

Facebookの投稿には、「友人に手伝ってもらった」まで書き込みしているのですから、間違いなく引っ越しはしているはずです。

ただ、気がかりなのは、引っ越し先の事務所の写真を1枚も投稿していないことでした。

これについて、ほとんどの人が疑問を感じていたようです。

しかし、その謎はすぐに解けてしまいました。

その引っ越しを手伝ったお友達がFacebookに投稿してしまっていたからです。

「今日は友人の家具や荷物の移動を手伝いました。

隣の部屋に移すだけなので軽く考えていましたが、久しぶりの力仕事で腰にきたようです」

えええええええええええええええ？？？？？

それが「事務所の引っ越し」？？

【杉井の見解】

これも「⑥作家の仲間入りを果たした女」に近いお話ですね。

自宅事務所で部屋を隣に移すという作業が引っ越しにあたるかは別として、聞いた方は「事務所オープンするんだ」と思いますから、温度差が強烈です。

それに、一度こういうレッテルを貼られると、次もそういう目で見られるので、狼少年状態になります。あえて勘違いさせるような発言はしないほうが賢明ですね。

7 容赦なく座る男

女性行政書士の真由美さん（仮名）からの密告です。

某通信講座のグループが主催するセミナーが都内で行われました。

その講師が同期の、ちらかし君（あだ名）ということもあり、真由美さんは応援のつもりで受講しに行きました。


セミナーのテーマは「行政書士の開業について」です。

さすがに名前が通った通信講座のグループだけあります。


会場に着くと、すでにたくさんの受講者が集まっていました。

こんなに大勢の前で登壇できる、ちらかし君を少し尊敬しました。

フル満の会場でセミナーが始まりました。

しかし、講義が進んでいくにつれて、真由美さんは尊敬していた気持ちがどんどんと薄れていきます。

とにかく酷《ひど》い…いや！　酷過ぎる!!

なぜなら、配られたレジュメをただ教壇で読んでいるだけなのです。

しかも、片方の脚に重心をかける、だらしない立ち方で。

これなら、セミナーを受講しなくても家でレジュメを見れば済むことです。

さらに、その内容が、もうお粗末極まりない。

本当にそれでお客様から依頼があったのか？

そのやり方で業務が遂行できたのか？

これは、開業前の試験合格者を対象にしたセミナーだからクレームにならないのかもしれませんが、本来、大問題です。

受付でこのあとの懇親会の費用を支払っていなければ、間違いなく帰るところでした。

周りの受講者も、なんだか心ここにあらずといった感じです。

「早く終わらないかな」という魂の叫びが会場内にこだましています。

真由美さんは、60分という時間は、こんなに長いものなのかと初めて感じました。


ようやくセミナー終了の時刻となりました。

ちらかし君は、最後に自分が主催する有料相談会の宣伝をしてセミナーが終わりました。

ここで司会者が締めのあいさつのため登場しました。

「はい。ちらかし君ありがとうございました。

皆さん、せっかくですから質問があればどうぞ手を上げてください」

会場に水を打ったような静けさが広がりました。

真由美さんは今まで、何度かセミナーや講演会に参加したことがあったのですが、質問者ゼロの光景を初めて見ました。

司会者もあせっているようで、「遠慮せずに」とあおりましたが、誰も質問しようとしません。

そこで、司会者が目配せをして、スタッフがムリムリどうでもいい質問をしました。

ちらかし君は、その質問ですら、つっかえながら的を射ていない回答をしてしまい、会場からは失笑が起きてしまいました。

本来、セミナーや講演はフロントエンドや宣伝のために行います。

のちのビジネスに繋がらないのであれば、ただのボランティア活動です。

名前を知ってもらうために登壇することもありますが、今回は違う意味で名前が売れたのではないでしょうか。

ちらかし君が挽回するには、このあとの懇親会しかありません。

真由美さんは、一抹の不安を感じながらも、なんとか頑張って欲しいと思いました。

懇親会はセミナー会場から少し歩いた居酒屋で行われました。

5〜6人がひとテーブル席になるつくりです。

各々適当に座っていくのですが、だいたい似たような人で固まっていくから不思議です。


司会者の乾杯の声で懇親会が始まりました。

真由美さんのテーブルは、同年代と思われる男女6人でした。

それぞれが簡単なあいさつをして、お酒を飲み始めたのですが、真由美さんはここで質問攻めにあいます。


開業資金はいくら必要になるのか?

自宅事務所だとデメリットがあるのか?

広告はどのようにすればいいのか?


真由美さんはどうしていいかわかりません。

質問に答えられないわけではありません。

本来これは、講師が答えるべきなので自分が答えてしまうと、ちらかし君の活動を邪魔したことになってしまいます。

実際、セミナーの最後に「有料相談」の宣伝をしていたから、余計にそう思いました。


そこへやっと、ちらかし君がこの会の役員の人と一緒に現れました。

真由美さんが手を上げて、席に呼ぼうとしました。

しかし、上げかけたその手で目を覆うことになります。


一番奥のテーブルには、二十代の受講者の女子が5人座っていました。

ちらかし君は、迷いなく、躊躇なく、容赦なく、その席めがけて突進したのです。

これには、一緒に会場に来た役員の人も目を丸くしていました。

その手前に、空いている席はいくらでもありました。

それなのに、わざわざ一番奥の女子グループの席に走っていったのです。

真由美さんも驚きを隠せません。


ちらかし君は、席に着くなり合コンのようなノリではしゃぎまくっています。

真由美さんは、ちらかし君を立てようとしたことがバカみたいに思えてきました。

そこで、同じテーブルの人の先ほどの質問に片っ端から答えていきました。


懇親会開始から1時間ほど経過した時です。

「私たち、これで帰りますので～♪　今日はありがとうございました～♪」

と女子グループの方から声が聞こえました。

もともと、1時間で帰る予定だったのか、ちらかし君と話すのに疲れたのかわかりませんが、5人とも荷物をまとめて帰ってしまいました。


ちらかし君の顔を見ると泣きそうになっています。

真由美さんは、さすがに心配になって「大丈夫？」と声をかけました。

すると、ちらかし君はなんと鬼の形相で怒鳴り始めたのです。

「どうしてくれるんですか！
みんな帰っちゃったじゃないですか!!」

えええええええええええええええ？？？？？

真由美さんのテーブルで質問大会のようになっていたから、5人組の女子たちが気になって、話に集中できなかったというのです。

なんという理不尽！
とんでもない言いがかり!!

この瞬間、真由美さんの同期リストから、ちらかし君の名前は消えました。

【杉井の見解】

これ…見解いります？？

まあ、反面教師というか、ここまでやってくれると尊敬に値しますよ。

講師はセミナー内容も大事ですが、そのあとの懇親会の立ち振る舞いも大事なのです。

こんな、絵にかいたような女好き相手に、誰が好き好んでその後の有料相談に申し込むのでしょうか？

僕でしたら席を回って、話を聞いて、ある一定のところまでアドバイスしてから有料相談に誘導しちゃいますけどね♪

おわりに

こういったビジネス本の類は、人によって「合う」、「合わない」がはっきりしています。

最後まで読んでいるあなたは「合った」のです。

せっかくこの本を通して仲間になれたのですから、お客様の獲得、売上の増加を一緒に目指していきましょう。


ここで覚えておいていただきたいことがあります。

営業にラッキーはありません。

「ついてる」「ついてない」をすぐ口にする営業マンがいますが、トップ営業は数字の上下をツキのせいにしません。

たまたま、買ってくれそうなお客様に会えたとしても、その時使う営業術は今まで磨き上げた必殺技です。

勝つべくして勝っているのです。

逆に数字が上がらないときは、原因があると考えて上げるための努力をします。

営業にラッキーを求めてはいないのです。


前作の「アナログ営業術」と今回の「交流会活用営業術」を合わせ技で使用していただくと相乗効果があるでしょう。

保留して何も行動に移さないのに状況が良くなることはありません。

時には行動して失敗することもあるでしょう。

しかし「これはうまくいかない」という経験が手に入るのです。

最初は10行動して1つ成功があれば、それは大成功です！

営業術を上手く使いこなすようになれば、成功率がグングン上がってきます。


「自信がない」

この言葉を口にする人が多いのですが、「経験したことがない」「成功したことがない」のに自信を持っている方がおかしいです。

自信はそんなポッと湧き出るものではありません。

経験の積み重ね、成功の積み重ねで得られるものです。時には失敗の…。

一度もホームランを打ったことのない選手が「俺はホームランを打つ自信がある！」と言っていたらどう思いますか？

それは自信ではなく「うぬぼれ」というものですよね。


あなたがこの「営業術」を使用して、契約が月に1件でも増えれば、年間12件の上乗せです。

その報酬が10万円なら120万円の上乗せ。

うまく使いこなせれば、この何倍にもなります。

どうですか？　行動してみたくなったでしょう？？

あなたの行動の1つに「杉井に会う」が入っていたら、僕はとっても嬉しいです！

お会いできる日を楽しみにしています。

杉井　貴幸

著者略歴

杉井 貴幸（すぎい たかゆき）

1973年3月22日生まれ埼玉県越谷育ち。高校を6年かけて卒業。15歳の時から接客、販売、営業に携わる。NHK営業スタッフ時代は常に全国トップクラスの数字を叩き出していた。2011年9月、業務中に包丁で刺され翌日の新聞に掲載される。2015年1月、合格率8%の行政書士試験に特殊な勉強法で合格。同年5月に埼玉県松伏町で行政書士杉井法務事務所開業。

行政書士の他に営業コンサルタント、セミナー講師の顔を持つ。

Cwave行政書士杉井の「まだ依頼するな！」番組MC。毎月第4土曜日19時から過激に生放送中！

http://cwave.jp/

著書に『士業で成功するアナログ営業術！』がある。

●公式HP
「行政書士杉井」で検索
http://sugii-syosi.com/

士業で成功する
交流会活用営業術！

著　者	杉井 貴幸
発行者	池田 雅行
発行所	株式会社 ごま書房新社 〒101-0031 東京都千代田区東神田1-5-5 マルキビル7F TEL 03-3865-8641（代） FAX 03-3865-8643
カバーデザイン	（株）オセロ 大谷 治之
印刷・製本	創栄図書印刷株式会社

ISBN978-4-341-08708-1 C0034

ごま書房新社の本

高校生活6年の行政書士です。
1日2時間の勉強すら苦痛だった男がなぜ成功しているのか?!

衝撃の第1弾

士業で成功する アナログ営業術!

行政書士杉井法務事務所　**杉井 貴幸**　著

●本書の内容

序　章　高校6年生の逆襲
第１章　ピラミッド式客層
第２章　広告費0円の営業術
第３章　高単価で契約を決める営業術
第４章　枠の外の営業術
第５章　チョキでグーに勝つ営業術
第６章　理想が現実になる営業術

本体1500円＋税　四六判　240頁　ISBN978-4-341-08682-4　C0034